Bertrand Hourcade

## CONVAINCRE POUR VAINCRE

De l'usage des citations

# Du même auteur

*Dictionnaire de l'anglais des métiers du tourisme*, Pocket, Paris, 1995

*Cours de pratique du français oral*, Messeiller, Neuchâtel, 1996

*Dictionnaire du Rugby : français-anglais, anglais-français*, La Maison du dictionnaire, Paris, 1998

*Dictionnaire explicatif des verbes français*, La Maison du dictionnaire, Paris, 1998

*Le Village magique,* roman, Les Iles futures, Pully, 2001

*Les Roses du château*, nouvelles, Les Iles futures, Pully, 2004, BOD 2020

*Pratique de la conjugaison expliquée*, Voxlingua, Leysin, 2006, BOD 2020

*Comment écrire une composition : 50 modèles pour structurer un texte*, Voxlingua, 2006, BOD 2020

*Explanatory Dictionary of Spanish verbs*, Voxlingua, 2006 ; BOD 2020

*Práctica de la conjugación española*, Voxlingua, 2006 ; BOD 2020

*Le Don du pardon*, pièce de théâtre, Voxlingua, 2006 ; BOD 2020

*Voyage au pays des couleurs*, conte, Voxlingua, 2008

*Anthologie de théorie littéraire : du classicisme au surréalisme*, Voxlingua, 2009

*Anthologie de poésie française*, Voxlingua, 2009 ; BOD 2020

*Marée blanche à Biarritz,* roman, Voxlingua, 2013 ; BOD 2020

*Fatwa*, roman, Bibracte, 2019 ; BOD 2020

© 2020, Bertrand Hourcade

Edition : Books on Demand,
12/14 rond-Point des Champs-Elysées, 75008 Paris
Impression : BoD – Books on Demand, Norderstedt, Allemagne
ISBN : 9782322222445
Dépôt légal : mai 2020

« Il est une bonne chose de lire des livres de citations, car les citations lorsqu'elles sont gravées dans la mémoire vous donnent de bonnes pensées. »

Churchill

# INTRODUCTION

Convaincre ou vaincre ? D'aucuns n'hésitent pas et choisissent de vaincre à tout prix, la fin justifiant les moyens. Et au diable l'honnêteté, l'honneur, la morale ! Il faut vaincre et donc convaincre le plus grand nombre, même par le biais de voies fallacieuses, frauduleuses, illégales.

Il leur importe peu que l'adhésion acquise ne soit que ponctuelle : le but est atteint, du moins temporairement, jusqu'à la prochaine décision à prendre, la prochaine élection à emporter, la prochaine révolution à fomenter !

Pourtant, la conviction des cœurs est seule capable d'apaiser les débats et de pacifier les esprits. Il est un moyen – parmi d'autres – qui peut aider grandement à dominer l'adversaire, tout en restant intègre et ne pas recourir à des procédés répréhensibles : c'est le recours à la culture générale par l'entremise de la citation.

L'utilisation de la citation comme effet de levier, moyen de pression, arme décisive, tel est le but que s'est fixé ce livre. Utiliser une citation est chose courante, surtout dans le domaine de l'écriture, dans le calme de son bureau lors de la rédaction de courriers ou de la création de pamphlets, de mémoires, d'ouvrages de toutes sortes. Loin de la force brute, loin de la rhétorique débridée, le recours à la force de l'écriture est celui de tous ceux qui pensent comme Balzac lorsqu'il disait de Napoléon : *ce qu'il a commencé par l'épée, je l'achèverai par la plume.*

Mais ici, il est question d'utiliser la citation comme effet de levier, moyen de pression ou arme décisive dans le contexte de la confrontation orale dans le débat d'idées. La citation doit venir en renfort de la parole. Cette utilisation orale est hautement plus difficile que dans le domaine de l'écriture du fait qu'il faut l'utiliser d'une manière immédiate. Il faut y faire montre d'un ensemble de qualités simultanément et pareille prouesse ne peut se produire que par une préparation approfondie.

Outre certains conseils concernant la manière d'utiliser les citations, ce livre fournit des idées et des munitions (les citations) pour ceux qui veulent dominer leur adversaire par le seul fait de leur valeur intellectuelle et de leur connaissance culturelle. Fi des combines, des mensonges, des faux-semblants !

Charles de Gaulle, qui s'y connaissait en citations, a écrit la suivante que l'on peut méditer en prélude au présent ouvrage :

*La véritable école du Commandement est la culture générale.*

Ce livre qui compte plus de 1400 citations se veut un outil apte à aider ceux qui veulent pratiquer *l'Art d'avoir toujours raison* de Schopenhauer. Il pourrait être utile de revoir les grands principes de cet ouvrage avant d'utiliser les munitions entreposées dans celui-ci.

Chapitre I

# CONVAINCRE POUR VAINCRE

*A moi Comte, deux mots !*

Qui, en entendant cette apostrophe célèbre, ne ressent l'impérieux désir d'en découdre, l'appel pressant à châtier l'adversaire, l'attirance irrésistible à le combattre ? La concision des répliques, la justesse des mots, la force des idées, la dynamique persuasive font de ce combat oral dans la scène 2 de l'acte II du *Cid* de Corneille un modèle d'affrontement verbal où l'intensité du dialogue n'a d'égale que l'attitude flamboyante et pleine de panache des deux adversaires !

### L'art de la répartie

Dans cette scène du *Cid*, les deux adversaires maîtrisent à un niveau exceptionnel l'art de la répartie sans lequel il est impossible de briller dans la conversation. Cet art comprend trois éléments : la promptitude de réaction, l'esprit, l'à-propos. Utiliser simultanément ces trois éléments relève de la haute voltige. Être rapide, spirituel et pertinent nécessite non seulement des qualités innées mais également une préparation intense.

Celui qui manque de répartie souffre de l'esprit d'escalier, c'est-à-dire que l'idée de la répartie ne vient pas au bon moment mais arrive très souvent une fois l'occasion passée. Répondre du tac au tac n'est pas donné à tout le monde et ceux qui se hissent à ce niveau en combinant maîtrise de soi, agressivité mesurée et vivacité, - le tout saupoudré d'une dose d'humour, d'esprit ou d'ironie selon les situations - font peur aux autres.

Si l'on devait choisir un auteur particulièrement enclin à mettre en évidence l'art de la réplique, notre choix irait automatiquement vers le grand Corneille dont le talent déployé dans ses célèbres stichomythies en fait un orfèvre hors pair. Il suffit de lire les purs joyaux que sont les scènes 2 et 4 de l'acte II du *Cid* pour assister à un feu d'artifices de répliques magnifiques.

C'est logiquement dans le théâtre que l'on voit surtout se déployer cet art de la réplique. La conversation des personnages, les conflits de personnalités amènent les protagonistes à se confronter dans des scènes d'une violence verbale inouïe. A côté de la galerie des héros cornéliens, on doit ajouter bien évidemment Cyrano, ce héros au cœur tendre, pourfendeur des préjugés et défenseur des libertés et Figaro, héraut du bas peuple et escrimeur fin et subtil contre l'aristocratie.

Voici quelques exemples de répliques éloquentes :

Dans l'acte III, scène 5 du *Barbier de Séville*, se produit un vif accrochage entre Bartholo et Figaro :

Bartholo: - Vous le prenez bien haut, monsieur! Sachez que, quand je dispute avec un fat, je ne lui cède jamais.

Figaro: - Nous différons en cela, monsieur; moi, je lui cède toujours.

Figaro retourne l'argument de Bartholo contre Bartholo lui-même en en prenant le contrepied total tout en gardant la forme de la réplique adverse.

Dans *Cyrano de Bergerac*, l'affrontement verbal précédant le duel entre le vicomte et Cyrano donne lieu à l'échange suivant, lorsque le vicomte, suffoqué par l'attitude de Cyrano, essaie de le railler en l'accusant d'être …

> Un hobereau qui… qui… n'a même pas de gants !
> Et qui sort sans rubans, sans bouffettes, sans ganses !

Cyrano       - Moi, c'est moralement que j'ai mes élégances.

En un vers, Cyrano disqualifie l'attaque du vicomte en se plaçant à un niveau supérieur où l'autre ne peut pas atteindre.

Le même procédé est utilisé un peu plus loin, lorsque le vicomte excédé par l'attitude hautaine de Cyrano, lui lâche une bordée d'injures :

Le vicomte   - Maraud, faquin, butor de pied plat ridicule.

Cyrano, *ôtant son chapeau et saluant comme si le vicomte venait de se présenter*

             - Ah ?… Et moi, Cyrano-Savinien-Hercule de Bergerac.

Un autre exemple est un vif échange entre une opposante à Churchill et ce dernier à la Chambre des Lords :

La femme :   - Si j'étais mariée avec vous, je verserais du poison dans votre verre.

Churchill :  - Madame, si j'étais mariée avec vous, je le boirais.

Ici, Churchill a retourné l'argument contre l'adversaire en épousant sa logique jusqu'au bout.

Dans un style semblable, Fontenelle, à quatre-vingt-dix ans, courtisait une jeune fille qui lui déclara : « Arrêtez ou je crie ! ». Il lui répondit : « Ah oui, criez, cela nous fera honneur ! »

La différence entre ces cinq exemples est que les trois premiers sont issus d'œuvres fictives alors que les deux derniers sont bien réels.

### L'art de citer

L'art de citer fait partie intégrante du débat d'idées. Il coexiste avec l'art de la répartie dont il peut être l'un des piliers les plus solides pour asseoir une idée, consolider une position dans l'argumentation ou faire la différence entre deux positions antagonistes.

L'art de citer n'est pas moins difficile que l'art de la répartie, si l'on entend par là le fait de placer la bonne citation au bon moment dans le flot de la discussion ou de la controverse.

Les citations sont omniprésentes dans notre vie quotidienne : on peut y être confronté en tout temps, notamment par l'entremise des médias : les journalistes s'en font souvent le relais de diverses manières : les pages des journaux, les tribunes, les éditoriaux foisonnent d'allusions littéraires, de références aux grands penseurs, de citations de noms célèbres.

D'autre part, dans la simple conversation de tous les jours avec un voisin, un collègue, un parent, ou toute autre personne que le hasard met sur notre chemin, peuvent à tout moment surgir des allusions, des proverbes, des formules chocs de grands hommes, qui sont d'ailleurs souvent déconnectés de leur auteur ou de leur contexte initial.

Qui n'aimerait pas ainsi faire feu de tout bois dans la conversation et asséner avec force une pensée en l'étayant d'une phrase lourde provenant d'un grand penseur ? Dans le cours d'une discussion sur la non-violence, glisser une citation pertinente de Gandhi au bon moment peut infléchir la discussion dans le sens du citateur.

C'est donc dans un esprit de conviction lors d'un débat que l'on fera recours aux citations. Loin de vouloir simplement impressionner l'adversaire ou l'audience, il s'agit au contraire d'œuvrer logiquement, d'utiliser les citations pour étayer ses propres affirmations, parfois même d'utiliser l'action, la carrière ou le bilan du penseur cité pour corroborer sa propre pensée.

Certaines citations à valeur universelle ont réussi à exister hors de leur contexte original par la seule force de la puissance de leurs idées. Leur vitalité est reflétée par la fréquence de leur utilisation. On remarquera notamment de telles citations dans le domaine des définitions, des morales de fables, des proverbes.

Afin d'avoir le maximum d'efficacité possible, on a sélectionné les citations de ce livre par rapport à certaines caractéristiques qui font que cet ouvrage n'est pas simplement une compilation de citations appréciées de l'auteur, pas plus qu'il n'est une compilation de citations célèbres. Ces citations contiennent donc une ou plusieurs des caractéristiques suivantes :

- la concision extrême
- le ton hardi ou provoquant
- le potentiel polémique de l'idée
- l'aspect formel de l'affirmation

Malgré ces critères de sélection, devant la masse énorme de citations, un choix nécessairement arbitraire était nécessaire. Nous avons mis le maximum de citations connues qui nous semblaient évidentes. Certaines autres moins connues méritent leur place par l'originalité de leur pensée ou par leur portée générale.

# L'UTILISATION DE LA CITATION

Une citation peut être utilisée de différentes manières.

### La citation comme idée ou comme forme

Elle peut être intéressante pour l'idée qu'elle véhicule, sans tenir compte du moule dans lequel elle est couchée. On peut alors la paraphraser à volonté. A contrario, elle peut être surtout intéressante pour sa forme qui peut prendre le pas sur l'idée, auquel cas on parlera de citation pastiche.

### La citation intégrale ou partielle

Par ailleurs, une citation peut être utilisée dans son intégralité, ce qui indique un intérêt à la fois pour son idée et sa forme. Si elle peut être utilisée dans son intégralité, elle peut aussi l'être partiellement. Ce sont deux aspects qui ont tous deux leur raison d'être.

### La citation comme idée

Une citation est d'abord une idée. Si c'est une idée forte, elle prendra naturellement sa place dans l'argumentation et pourra occuper une place majeure dans le débat. Si l'on cite, il faut citer correctement et fidèlement. C'est à partir du respect de la citation que celle-ci revêtira sa force de conviction.

### La citation paraphrasée

On a tous mémorisé un certain nombre de citations qui nous plaisent particulièrement. Mais il faut reconnaître qu'on ne peut mémoriser toutes celles qui croisent notre route. On peut alors éviter cet effort de mémorisation si l'on décide de reprendre simplement l'idée de la citation.

Il faut placer cette idée au moment où elle peut corroborer un raisonnement. Mentionner le nom de l'auteur dans une phrase telle que : « Selon Voltaire, … » indique bien qu'on ne le cite pas dans le texte mais dans l'idée. Cela importe peu dans la mesure où une idée peut avoir un impact énorme et qu'il est bien difficile de tuer une bonne idée.

Ainsi donc, l'idée dérivée d'une citation peut avoir un impact très fort si elle n'est pas dénaturée dans l'opération.

### La citation intégrale

Si l'on cite un auteur, il faut être sûr de son texte. Habituellement on mentionne les mots « citation » ou « citer », indiquant par là même qu'il s'agit bien du texte exact de l'auteur. L'adversaire peut alors contester la citation s'il pense qu'elle est inexacte. Dans ce cas, l'utilisation maladroite ou inexacte d'une citation peut se révéler totalement contre-productive.

On peut toujours se protéger en prenant des précautions du genre : « D'après Voltaire, si je ne me trompe, … ».

**La citation partielle**

Citer partiellement une citation peut s'avérer un moyen d'attirer l'audience vers soi. Un bon orateur, avec force gestes, peut très bien inciter le public à compléter les citations commencées. Cela peut certainement contribuer à prédisposer favorablement une partie du public.

Ainsi, nombreux sont ceux qui, à la suspension de la voix de l'interlocuteur après le fameux : *Qu'importe le flacon,* … se hâteront d'ajouter benoîtement la fin du vers : *pourvu qu'on ait l'ivresse.*

Voilà qui est fort bien, mais en fait fort imprudent si l'on connaît le distique entier du poète :

*Aimer est le grand mot ! Qu'importe la maîtresse !*
*Qu'importe le flacon, pourvu qu'on ait l'ivresse.*

On peut facilement se laisser entraîner ou même se faire piéger dans ce labyrinthe culturel si l'on ne le connaît pas.

Citer sans connaître le vrai contexte d'une citation arrive souvent mais peut se terminer en catastrophe. Aujourd'hui, Musset ne serait pas en odeur de sainteté auprès de la bien-pensance politiquement correcte avec ce seul distique. Et qui le cite sans bien le connaître peut facilement se faire entraîner là où il ne veut pas et risquer de se faire ridiculiser.

# L'ADAPTATION DE LA CITATION

Ainsi, comme on peut le voir, les manières d'utiliser les citations sont fort nombreuses. Pour clôturer ce sujet, il faut encore se pencher sur le phénomène de l'adaptation de la citation.

Une citation connue peut être adaptée de différentes façons, en la modifiant légèrement, selon le goût, le besoin ou parfois la mémoire plus ou moins défaillante du citateur.

Dans un débat, une citation n'a pas besoin d'être nécessairement citée in extenso. Dans le cas d'un trou de mémoire, on peut néanmoins y faire allusion et l'expliciter sans la citer.

Tout l'art réside autant dans le moment choisi pour dégainer sa citation que dans la façon dont elle est amenée.

En réalité, le contexte d'origine d'une citation n'a pas souvent besoin d'être intimement partagé par le citateur. On peut utiliser certaines citations en se dissociant complètement de l'époque où elles ont été créées. Prenons un exemple :

Boileau a ainsi traité un de ses ennemis :

*J'appelle un chat un chat et Rollet un fripon.*

Il est courant aujourd'hui d'entendre :

*J'appelle un chat un chat.*

Par cela, on veut dire qu'on n'hésite à nommer clairement les choses, même si cela peut avoir des conséquences négatives.

Mais on entend également :

*J'appelle un chat un chat et X un fripon.*

Ce faisant, on adapte la citation au contexte voulu. Généralement on prend pour cible une personnalité connue et controversée, soit dans son entourage immédiat (directeur, chef, supérieur, collègue, etc.) ou dans le contexte national politique ou social et international (chefs d'état, politiciens, grands patrons, chef religieux, syndicalistes, artistes, etc.).

Certaines citations sont donc manipulables à l'envi. Une citation telle que celle de Boileau est datée de par son allusion à un personnage du XVII$^e$ siècle, mais son idée centrale est tellement claire et forte qu'en changeant le nom de la personne citée, on retrouve toute la pertinence de la citation dans tout autre contexte.

Une restriction toutefois, si l'on tient à respecter les règles et l'esprit de la culture : comme beaucoup d'autres, la citation de Boileau ci-dessus est en fait un alexandrin de pure facture. Pour honorer le grand versificateur qu'était Boileau, on se doit de lui rendre un alexandrin parfait, c'est-à-dire que le mot Rollet doit être remplacé par un nom à deux syllabes. Ainsi, dans le contexte politique français, trouve-t-on maints exemples qui rentrent à merveille dans cet alexandrin :

J'appelle un chat et un chat et Giscard / Chirac / Sarko / Hollande / Macron … un fripon.

L'utilisation de l'abréviation Sarko se justifie au nom de la licence poétique (autorisée par les règles). Quant à Hollande, les puristes pourront apprécier à quel point le « e muet final » de ce nom se combine merveilleusement bien avec la voyelle initiale du mot suivant « un », réalisant par là même une liaison parfaite. Quelles immenses joies permet l'art de citer !

# LA JOUTE VERBALE

### Les arguments principaux

Parmi les nombreux types d'argument qu'il faut connaître, on remarquera parmi les plus importants les trois suivants :

### L'argumentum ad rem

C'est une réponse à une question sur l'objet en discussion : elle est directe, pertinente et sans détour. C'est le genre d'argument qu'un débat parfait développerait à volonté. Cependant, un débatteur en difficulté aura tendance trop souvent à minoriser, écarter ou ignorer ces arguments, s'écartant alors du débat loyal pour chercher plus à vaincre qu'à convaincre.

### L'argumentum ad hominem

C'est attaquer l'adversaire en mettant en évidence la contradiction qui existe entre la position qu'il défend en théorie et le comportement qu'il adopte dans sa propre vie : faites ce que je dis mais ne faites pas ce que je fais. On appuie sur les incohérences entre ses idées et ses actions, ses engagements et son vécu pour ainsi le disqualifier.

Si l'on arrive donc à identifier et à révéler de telles incohérences, il est sûr qu'enfoncer un coin entre ce que dit et ce que fait l'adversaire peut certainement avoir une influence négative sur la crédibilité accordée à l'adversaire. Cependant cet argument reste limité dans son efficacité car il n'influe pas directement sur le problème de fond et le fait que l'adversaire ne s'applique pas à lui-même ce qu'il prêche par ailleurs ne signifie pas son message est faux.

### L'argumentum ad personam

C'est une attaque directe contre l'adversaire en tant qu'individu : on ne s'intéresse plus au fond du débat (souvent par infériorité intellectuelle) et on focalise ses critiques sur des aspects personnels de l'adversaire en critiquant son physique, sa façon de vivre, ses mœurs, ses origines, voire en tombant dans l'insulte.

L'attaque ad personam est à éviter de préférence. Dans le cas où l'adversaire s'avance le premier sur ce terrain, il est conseillé de rompre, après avoir dénoncé les propos impropres ou mensongers, car du débat plus rien de bon ne peut survenir. Le recours à ce genre d'attaque est un aveu d'impuissance et de défaite de celui qui l'utilise. Le vrai perdant, dans un pareil cas, est celui qui perd ses nerfs et le contrôle de la situation, en s'enferrant dans un niveau de débat déloyal.

### Le combat

La meilleure défense est l'attaque, et pour cela il faut faire reculer l'autre, l'acculer, le forcer à parer les attaques.

Il faut s'engouffrer dans les failles de son raisonnement, de son bilan, de son idéologie.

**La citation comme arme**

La longue liste des citations collectées ici est plus un arsenal d'idées à utiliser qu'une simple anthologie de citations. Dans la fougue d'un débat, il ne faut pas hésiter à utiliser l'idée d'une citation si elle est claire, chaque fois qu'on n'est pas sûr du texte exact de la citation.

Le seul nom de l'auteur de la citation peut déjà être un premier obstacle pour tout adversaire qui doit se poser la question : qui suis-je pour contredire un auteur illustre, voire un spécialiste du domaine discuté ?

Un deuxième obstacle réside dans le fait que ces citations font en général partie d'ouvrages dans lesquels elles occupent parfois des positions majeures : elles sont souvent le fruit de longues méditations, le résultat d'un cheminement intellectuel intense et l'aboutissement d'un travail stylistique approfondi, surtout dans le domaine poétique, qui en font des diamants incassables.

Comme dans l'escrime, on peut situer à deux niveaux les touches à l'adversaire : l'utilisation de l'idée en paraphrasant la citation correspond à une frappe de taille, c'est-à-dire avec le tranchant du sabre qui certes laisse une large entaille impressionnante mais n'est en général pas trop grave.

Ensuite, l'utilisation de la citation intégrale qui correspond plus à un coup d'estoc, porté avec la pointe de l'épée et qui est beaucoup plus dangereuse car beaucoup plus profonde. Plus la citation est compacte et concise, plus le dommage est profond.

Il ne s'agit pas de lancer des attaques contre l'adversaire par le venin de la calomnie ou le poison de la médisance mais seulement de se cantonner à attaquer la partie publique de son action. Ainsi les failles personnelles dans son caractère, son comportement, ses agissements ne sont intéressants que dans la mesure où ces éléments sont en rapport direct avec son action publique ou professionnelle. En termes plus clairs, le fait qu'il ait commis un adultère ne concerne personne d'autre que sa femme, sauf si sa maîtresse est la comptable de la compagnie où il se servait dans la caisse.

La deuxième partie de cet ouvrage présente une liste des défauts et des vices humains, parmi lesquels il faut choisir les thèmes adéquats en fonction de l'adversaire, puis piocher des idées ou des citations selon les besoins du moment ou du contexte. Ainsi donc, il faut bien connaître le parcours de l'adversaire pour pouvoir sélectionner dans cette liste tout d'abord les thèmes majeurs pertinents au profil de l'adversaire, et ensuite extraire les citations les plus appropriées à la situation ou au thème du débat.

**La force de la citation**

Il faut savoir choisir sa citation en fonction non seulement de son contenu mais également du contexte de la discussion. En effet, on peut trouver toute sorte de citations concernant le même thème, d'une idée claire à son contraire parfait.

Les citations des grands hommes sont souvent le produit d'une pensée intense qui produit la citation dans une forme polie par la réflexion. Selon la position adoptée, on peut avoir une citation en faveur ou en défaveur du thème abordé.

Dans tous les cas, une citation courte et claire a tout intérêt à être reproduite exactement. Plus elle est courte, plus elle est forte.

La citation est donc une partie du discours on ne peut plus formelle et d'autant plus efficace. On peut la situer aux antipodes des idées fades, tièdes, sans originalité, et loin des logorrhées ou des logomachies, ces manifestations de mots creux qui n'aboutissent à ne rien dire.

# LES TYPES DE CITATION

Si le choix de citations est immense, il faut aussi prêter attention aux différents types de citations qui existent. En voici une liste des plus importants :

## La citation définition

C'est l'une des plus courantes. Tout un chacun aime bien s'essayer à esquisser une ébauche de définition des notions qui peuplent notre quotidien. En utilisant le verbe être, en adoptant souvent un moule très concis, ces définitions jettent un éclairage spécifique : beaucoup de penseurs les utilisent à leur manière, à partir de leur vécu, de leur expérience et de leur intérêt propre. Aussi, ces définitions sont-elles souvent très justes mais aussi très limitées dans leur perspective.

Prenons l'exemple archi-connu de Karl Mark : *La religion est l'opium du peuple*. Cette définition choc, qui utilise avec grande efficacité une métaphore frappante reflète le point de vue d'un homme qui ne croit guère et qui le fait sentir clairement.

On ne peut pas ramener à cette seule formule l'ensemble des significations du concept de religion. Il est donc évident que la citation définition est certainement une arme très efficace mais qui est limitée – très souvent – idéologiquement orientée.

Voici quelques autres exemples frappants :
*La propriété, c'est le vol* de Proudhon
*L'égalité est la plus horrible des injustices* des frères Goncourt
*L'élite, c'est la canaille* de Henry Becque

L'impact provoqué par une formule choc oblige l'adversaire à essayer d'éliminer ou de minimiser l'impact de l'idée soulevée par cette définition avant de continuer son raisonnement. Dans tous les cas, ces citations sont susceptibles d'avoir une influence sur l'évolution du débat.

## La citation métaphorique

Ce genre de citation peut contenir un côté énigmatique qui demande parfois un temps de réflexion à qui n'est pas habitué à jongler avec les figures de style. Ainsi, certaines métaphores sont, au premier abord, déstabilisantes :

*Tout mur est une porte* de R. W. Emerson
*Quand les requins se battent entre eux, les écrevisses ont le dos brisé.* Proverbe coréen

L'utilisation de ces métaphores, surtout si elles sont hermétiques au premier abord, peut provoquer un temps d'arrêt chez l'adversaire dont il faut savoir profiter.

### La citation paradoxale

Si la citation métaphorique peut paraître déstabilisante à d'aucuns, la citation paradoxale paraît illogique de premier abord.

*Le succès est ce qu'il y a de pire* de Van Gogh
*La plus utile règle de toute l'éducation, ce n'est pas de gagner du temps, c'est d'en perdre* de Rousseau

Certaines citations fortes contiennent cependant dans leur sein un élément faible qui peut se retourner contre le citateur. Prenons comme exemple la citation suivante :

*La seule façon d'apprendre est de contester* de Jean-Paul Sartre

Si la citation de Sartre a de l'allant et contient certainement une bonne part de vérité, qui peut adhérer au fait que la contestation serait la seule façon d'apprendre ? Cette restriction, placée à dessein par l'auteur pour rendre son idée plus forte, réduit en fait énormément la portée de la citation.

### La citation spirituelle

Faire un jeu de mot spirituel de temps en temps permet de mettre un peu de légèreté dans le débat. Également apprécié est le genre de pensée inédite car fort rare :

Gide « *il est bon de suivre sa pente, pourvu que ce soit en montant.* »

Montesquieu « *Vous faites bien d'amasser de l'argent pendant votre vie : on ne sait ce qui arrivera après la mort.* »

### La citation humoristique

Ce genre de citation, pour brillante qu'elle soit, apporte peu au problème de fond et le danger est que l'auteur en fasse les frais dans le sens où l'usage trop fréquent de ce type de citation pourrait être vu comme une manœuvre pour cacher la pauvreté ou la faiblesse des arguments de fond.

Robert Bourassa « *Je croyais être indécis mais je n'en suis plus certain.* »

Francis Blanche « *Je ne suis pas raciste, la preuve : je n'hésite pas à écrire noir sur blanc mes pensées.* »

### La citation pastiche

Cette citation est celle qui épouse la forme d'une citation célèbre et en délaisse complètement le fond. Elle peut donc très bien parler de toute autre chose que la citation d'origine dont elle est tributaire dans sa forme, ce que reconnaîtront les érudits.

D'après le fameux début de vers : ce siècle avait deux ans … de Victor Hugo, on peut très bien imaginer pareil début de citation par rapport à n'importe quelle date, voire n'importe quel évènement :

ce siècle avait 89 ans … quand explosa la Révolution française. Ou :
ce siècle avait 89 ans … quand tomba le mur de Berlin.

Également en parodiant le fameux vers : « *Qu'importe le flacon, pourvu qu'on ait l'ivresse* », on retient en général la structure suivante : qu'importe … pourvu que ….

Ainsi peut-on créer en fonction de nos besoins une citation ronflante du type :

Qu'importe la couleur, pourvu qu'on ait l'objet.
Qu'importe son aspect, pourvu qu'il soit poli.

**Le double pastiche**

On peut même parodier doublement :

Qu'importe le moyen, pourvu qu'on ait la fin !

Ici, on parodie à la fois Musset pour la forme (« *qu'importe le flacon pourvu qu'on ait l'ivresse* ») et Machiavel pour le fond (« *La fin justifie les moyens* »).

## CITER AVEC DISCERNEMENT

Lorsque l'on est dans un débat et que l'on a pris une position ferme sur un sujet, il peut arriver que l'évolution de la discussion nous amène soudain à nous retrouver en porte-à-faux vis-à-vis de notre position initiale.

Il n'est alors pas question de faire volte-face et de changer complètement d'idée. Cependant les méandres du débat peuvent amener à des situations où une position intransigeante et entière ne peut être maintenue sans causer plus de tort que de bien : il faut savoir faire des réserves, ajouter des nuances, faire des exceptions qui, si elles sont faites avec discernement et au bon moment, renforceront la position initiale plutôt que l'affaiblir.

Il n'est rien de pire que de s'entêter à défendre une position lors d'attaques pertinentes sans la modifier légèrement pour pouvoir atténuer, voire dissiper les arguments adverses. Savoir faire des concessions – minimes – même sur le mode de la prétérition, est un signe de bon sens et d'indépendance vis-à-vis d'une emprise intellectuelle qui très souvent ne fait qu'amoindrir des positions devenues intenables par myopie idéologique.

Imaginons que nous ayons pris parti pour l'idée qu'**une promesse doive être honorée**.

On trouve à ce sujet une belle gamme d'opinions pour défendre cette notion. Ainsi :

Virginie Despentes : *Mieux vaut se faire arracher le cœur plutôt que trahir une promesse.*

Saint Bernard de Clairvaux : *Une promesse doit toujours être acquittée, dût-il être un peu tard.*

William de Britaine : *Une promesse est une dette que l'on doit honorer.*

Swift : *Ce que les hommes promettent, ils le tiennent si bien qu'ils ne le lâchent jamais.*

Confucius : *Examine si ce que tu promets est juste et possible, car la promesse est une dette.*

Ces citations, dont certaines ont un ton très dur, expriment l'obligation morale qui est attachée à la promesse. Pourtant, elles vont à l'encontre de ce qui se passe souvent dans la réalité. Il n'est que d'analyser le domaine politique où les promesses fleurissent particulièrement pendant la période des campagnes électorales.

En conséquence, on trouve toutes sortes de positions concernant les promesses non tenues :

Tout d'abord, le constat :

Gustave Flaubert  *Des promesses tant qu'on en veut, et puis rien.*

Ensuite, la condamnation :

| | |
|---|---|
| J. Gagnon | *Les promesses non tenues sont autant de mensonges.* |
| Daniel Pennac | *L'avenir, c'est la trahison des promesses.* |

Ensuite l'explication :

| | |
|---|---|
| Thomas Fuller | *Le vœu fait dans la tempête est oublié dans le calme.* |

Puis l'explication cynique :

| | |
|---|---|
| William Hazlitt | *Certaines personnes font des promesses pour le seul plaisir de ne pas les tenir.* |

Enfin l'excuse :

| | |
|---|---|
| Elizabeth Gaskell | *Une promesse donnée est une entrave à celui qui l'a faite.* |

La réalité du problème est mise en évidence par ces deux citations :

| | |
|---|---|
| Antoine Loisel | *Promettre et tenir sont deux.* |
| Gilbert Sinoué | *Les promesses d'hommes sont pareilles aux vagues de la mer : elles meurent aussi vite qu'elles naissent.* |

On peut donc voir qu'il faut arriver à jongler avec toutes ces nuances, être prêt non pas à renier sa position de départ, mais à la nuancer, à la raffiner, à la sublimer par une idée transversale ou asséner une vérité capable de satisfaire toutes les opinions, comme cette citation désabusée et quelque peu cynique d'Henri Queuille :

*Les promesses n'engagent que ceux qui les écoutent.*

On peut aussi écouter la voix de la sagesse et du bon sens comme dans la position équilibrée de Tite-Live :

*Il ne faut ni se fier aux grandes promesses, ni trop s'en défier.*

Car après tout, faut-il tenir une promesse si ceux qui l'attendent ne la méritent plus ? Ainsi se trouve posé le contexte de chaque situation qui oblige à entrer dans le détail et à complexifier toute position trop tranchante.

### La contre-citation

Lorsqu'on s'oppose frontalement à un adversaire, parmi les nombreuses techniques, la citation peut être utilisée comme un moyen de neutraliser une citation déjà présentée. On peut trouver des citations qui sont le parfait contraire d'autres citations citées par l'adversaire.

Imaginons un débat sur **la perte des êtres proches.** L'un des débatteurs considérant comme une catastrophe la disparition d'un proche cite le fameux vers de Lamartine :

*Un seul être vous manque et tout est dépeuplé.*

Sans nul doute, cette citation si connue de par son idée claire et forte est partagée par la grande majorité des gens. On pense à un(e) parent(e), un(e) conjoint(e), un(e) enfant, un(e) ami(e), en un mot un être cher.

Quand on connaît le contexte de ce vers, on sait bien qu'il s'agit de l'amante morte de Lamartine à laquelle il fait référence. Mais le vers n'indique rien d'aussi précis.

En réalité, le vers permet la création d'une citation pastiche contraire au sens de Lamartine en n'en changeant qu'un seul mot. C'est ce qu'a fait Giraudoux en écrivant :

*Un seul être vous manque et tout est repeuplé.*

Avec ce tout petit changement, on vient contredire une vérité évidente dans un certain contexte mais fausse dans un autre.

Mais à quoi pense donc Giraudoux ? Un seul être peut n'être pas un être cher ou, plus précisément dit encore, peut n'être plus un être cher.

Imaginons un divorce qui tourne mal et dont les protagonistes se livrent une lutte sans merci. L'être autrefois si cher est devenu détesté, à tel point qu'on peut même parfois en arriver à souhaiter le pire pour lui.

Ceci peut aussi s'appliquer à un adversaire, un ennemi, un persécuteur de tout genre. Sa disparition ou son absence est soudain ressentie comme une renaissance, un nouveau départ. Son absence est une véritable libération qui permet de se reconstruire, d'exister, de vivre en toute liberté.

Les deux situations sont exactes mais dans des contextes différents. C'est pourquoi il est bon de toujours rester assez flexible dans ses positions pour permettre d'absorber et de désamorcer des arguments contraires non prévus sans ébranler la base de ses propres convictions.

Ainsi donc, utiliser une contre-citation à toute sa place dans la mesure où elle est étayée par des arguments probants.

Chapitre II

CITATIONS COMMENTÉES

CITATIONS COMMENTÉES

Dans ce chapitre se trouve une soixantaine de citations expliquées et commentées.

Les commentaires donnent des détails qui éclairent les citations, explicitent leur sens exact, leur contexte et jettent une lumière nouvelle sur leur signification réelle. De plus, ils mettent en évidence les diverses façons d'employer les citations, soit en les reproduisant fidèlement, soit en les transformant par une appropriation, une transformation ou une personnalisation.

Certaines citations peuvent s'utiliser dans un contexte restreint ou aussi parfois dans un contexte plus général. Ce qui montre la malléabilité d'une citation est en fait la vérité générale qu'elle contient et qui peut s'appliquer indifféremment à plusieurs types de contexte.

Dans la liste suivante de citations à contexte littéraire, on remarque deux types de citations :

Certaines sont des citations bien identifiables de par leur contenu même : ainsi dans la liste ci-dessous, deux citations contiennent une allusion à un détail historique : il s'agit de l'allusion à Malherbe et de l'allusion à Chimène et Rodrigue.

D'autres – comme la première de la liste – ne contiennent rien en elles qui les datent par rapport à un contexte précis. Elles sont utilisées indifféremment de leur contexte de création car leur champ d'application embrasse l'ensemble des situations concernées par l'idée soulevée.

Peu importe que l'écrivain soit Boileau ou Voltaire, que cet écrivain soit du 16$^e$ ou du 19$^e$ siècle, peu importe le contexte réel de cette citation, il n'en reste pas moins que l'idée traverse les siècles, enjambe les contextes particuliers et vient se nicher dans le contexte général où elle se trouve parfaitement à sa place.

Enfin, d'autres sont à moitié explicites en donnant un élément précis mais pas assez caractéristique pour permettre de les identifier avec certitude.

C'est le cas de la citation qui mentionne la deuxième année d'un siècle : voilà un détail très précis : il s'agit d'une date, mais cette date est incomplète. Le détail est certes intéressant mais pas assez clair cependant pour savoir de quelle date il s'agit.

Pourtant, ce vers a fait son chemin, et on pourrait même dire que c'est le premier hémistiche qui en est surtout la cause. Sa notoriété provient de deux aspects complémentaires : d'une part le côté historique, et même autobiographique de la citation, - il fait en réalité allusion à l'année de naissance de Victor Hugo - d'autre part le côté accrocheur du début du vers qui provoque sa propre dynamique.

Voici donc ces six citations :

J'appelle un chat un chat

Enfin Malherbe vint

Bon appétit messieurs !

Ce siècle avait deux ans

On presse l'orange et on jette l'écorce

Tout Paris pour Chimène a les yeux de Rodrigue

Toutes ces citations sont expliquées en détail dans les pages de ce chapitre. Ces commentaires sont destinés à montrer tout d'abord la réalité historique qui explique la complexité derrière chacune de ces citations, ensuite la dangerosité qu'il peut y avoir parfois à citer à tort et à travers sans considération ou sans connaissance du contexte de création et enfin les multiples possibilités d'usage que certaines citations permettent.

CITATIONS EXPLIQUÉES ET COMMENTÉES

**Allais, Alphonse** « **Ventre affamé n'a point d'oreilles.** »

Contexte: - quelqu'un qui meurt de faim n'est pas disposé à écouter des conseils ou des discours. Rien ne sert de lui parler.
Citation complète : **ventre affamé n'a point d'oreilles, mais il a un sacré nez.**
ceci jette une dimension humoriste sur cette idée.

« **L'homme propose et Dieu dispose.** »

Contexte : - situation de l'homme dans sa position subalterne vis-à-vis de Dieu
Citation complète : **l'homme propose (la femme accepte souvent) et Dieu dispose.**

**Anonyme** « **Retournons à nos moutons ...** »

Contexte : - allusion à la *Farce de maître Pathelin* dans laquelle un personnage veut parler d'un problème concernant un troupeau de moutons et tente constamment de ramener la conversation sur ce sujet-là
Intention : - revenons à notre sujet, retournons à l'objet de la discussion

**Balzac** « **A nous deux, maintenant !** »

Contexte : - à la fin du *Père Goriot*, le héros Eugène de Rastignac, monté à Paris pour y faire sa vie, s'adresse à Paris en ces termes, signifiant qu'il est prêt à engager avec la capitale un combat, comme un duel, pour arriver à faire sa place dans la société affairiste et égoïste de la grande ville.
Intention : - boutade que l'on peut lancer à quiconque avec qui l'on veut se mesurer et qui est à rapprocher de l'hémistiche fameux : *A moi, comte, deux mots !* que lance Rodrigue au comte dans la pièce *Le Cid* de Corneille.

**Bernanos** « **Un monde gagné pour la Technique est perdu pour la Liberté.** »

Contexte : - trop de technique tue la liberté
Intention : - mise en garde contre l'emprise de la technologie qui, tout en permettant à l'homme de s'émanciper de certaines contraintes, le rend dépendant et prisonnier des objets technologiques.
- appliquée à d'autres domaines comme la politique, cette citation avertit des dangers que le développement de la technologie peut faire courir à la société dans le cas de régimes totalitaires.
Extension : - avertissement à tous ceux qui parent le progrès de toutes les vertus sans se soucier des répercussions négatives possibles.

« L'enfer, […] c'est de ne plus aimer. »

Contexte :   - il n'y rien de pire que le désert sentimental, surtout après avoir connu l'amour.
Intention :   - mettre en garde contre la solitude qui provoque le manque sentimental.
Extension :  - thèse contraire : l'enfer, c'est d'aimer, en reliant l'amour à tous les tourments, tous les mensonges, toutes les contraintes qu'il véhicule avec lui.

**Boileau**   « Ce que l'on conçoit bien s'énonce clairement. »

Contexte :   - nécessité de la justesse de la réflexion pour qu'elle s'exprime clairement.
Intention :   - conseil donné à celui dont le message est difficile à comprendre.
Citation complète :   « Ce que l'on conçoit bien s'énonce clairement,
                        Et les mots pour le dire arrivent aisément. »

« Enfin Malherbe vint. »

Contexte :   - dans l'histoire de la littérature française, la venue de Malherbe fut une étape majeure.
Intention :   - signe de soulagement à l'apparition d'un personnage longtemps attendu.
Extension :  - usage élargi à toute situation pour marquer l'effet positif d'une rupture : on remplace alors le mot Malherbe pour le besoin du contexte spécifique : ex. Enfin De Gaulle vint.

« Hâtez-vous lentement. »

Contexte :   - dans la création artistique, il ne faut ni s'arrêter totalement ni se précipiter mais continuer d'une allure soutenue et régulière.
Intention :   - il ne faut pas s'arrêter dans l'effort mais persévérer sans précipitation.
Citation complète : « Hâtez-vous lentement, et sans perdre courage
                      Vingt fois sur le métier remettez votre ouvrage. »

« Vingt fois sur le métier remettez votre ouvrage. »

Contexte :   - nécessité de travailler avec assiduité pour arriver à un résultat.
Intention :   - encouragement à l'effort sans relâche.
Extension :  - usage élargi à toute situation où un novice qui doit apprendre doit comprendre que la perfection s'acquiert au prix d'un travail acharné.

« J'appelle un chat un chat et Rollet un fripon. »

Contexte :   - Rollet étant un adversaire de Boileau.
Intention :   - ne pas avoir peur d'appeler les choses (ou les gens) par leur nom et ne pas hésiter à dire la vérité même si elle blesse.

Usage : - premier hémistiche souvent cité seul : ex. j'appelle un chat un chat.
Extension : - l'usage cite le vers entier en adaptant la fin au contexte personnel :
ex. j'appelle un chat un chat et Untel un fripon.
ex. j'appelle un chat un chat et Untel un voleur.

### « Tout Paris pour Chimène a les yeux de Rodrigue »

contexte : - succès de la pièce *Le Cid* de Pierre Corneille à Paris malgré une vive opposition notamment de certains écrivains de l'Académie française.
Intention : - façon romantique de reconnaître un succès devant l'engouement populaire.
Extension : - tout Roland-Garros pour Nadal a les yeux de Chimène.

## Boursault, Edme « Dans le nombre de quarante, ne faut-il pas un zéro ? »

Contexte : - le chiffre 40 se réfère ici au nombre d'académiciens siégeant à l'Académie française. C'est une épigramme lancée contre la Bruyère alors qu'il était candidat à un fauteuil de l'Académie.
Intention : - pour disqualifier quelqu'un, on peut utiliser le moule de la citation en utilisant tout nombre pertinent à une situation donnée et finissant par un zéro.

## Chateaubriand « Quiconque craint de se repentir ne tire aucun fruit de ses erreurs. »

Contexte : - le repentir doit être souhaité et sincère pour être bénéfique.
Intention : - un tiède repentir n'apporte rien de positif.

### « Ce que nous gagnons en connaissances, nous le perdons en sentiments. »

Contexte : - opposition classique entre la raison et le cœur, entre l'intellect et l'affectif.
Intention : - avertissement pour ceux qui sont tentés par le rationalisme total que ce qu'ils gagnent d'une part leur enlève une dimension affective par ailleurs.

## Corneille « Je suis jeune, il est vrai… »

Contexte : - le Cid, défiant le comte malgré son jeune âge, concède volontiers cet aspect de sa personne.
Intention : - la concession, quand on lit l'ensemble de la citation, indique que le jeune âge est plus un avantage qu'autre chose.
Citation complète : « **Je suis jeune, il est vrai, mais aux âmes bien nées
La valeur n'attend point le nombre des années.** »

### « Mes pareils à deux fois ne se font point connaitre,
### Et pour leur coup d'essai veulent des coups de maître. »

Contexte : - durant l'altercation avec le comte qui avait offensé le père de Rodrigue,

|  | ce dernier vient défier le comte avec cette citation. |
|---|---|
| Intention : | - sentiment de supériorité et de courage dans cette affirmation qui dit que certains – comme Rodrigue – ne craignent rien et commencent leur carrière par un exploit. |
| Extension : | - citation pour les prétentieux, audacieux et présomptueux de tous genres, ou pour ceux qui sont mus par une juste cause comme Le Cid dont le courage est transcendé par le but à accomplir. |

### « A vaincre sans péril, on triomphe sans gloire. »

| Contexte : | - dans *Le Cid* de Corneille, parole du comte de Gormas à Don Rodrigue lors de l'altercation qui débouchera sur un duel. |
|---|---|
| Intention : | - ici, le comte juge que Rodrigue n'est pas un adversaire de son niveau et considère qu'il ne retirera aucun avantage ni aucune gloire d'une victoire acquise dans ces conditions. |
| Extension : | - citation qui peut se dire soit par celui qui juge qu'un combat n'en vaut la peine (c'est le cas du comte), soit par celui qui dit cela à celui qui veut se battre dans des conditions trop favorables pour lui et qui peut donc être plus tard accusé d'une certaine incorrection et de déloyauté. |

### « A qui venge son père il n'est rien d'impossible. »

| Contexte : | - réplique du Cid au Comte dans *le Cid* de Corneille. |
|---|---|
| Intention : | - montrer la détermination de celui qui parle. |
| Extension : | - structure : « A qui …, il n'est rien d'impossible. » Ex. « A qui vainc l'Everest, il n'est rien d'impossible. » |

### « Ton bras est invaincu mais non pas invincible. »

| Contexte : | - parole du Cid au comte qu'il vient défier en duel. |
|---|---|
| Intention : | - la réputation et la renommée d'un adversaire ne sont pas suffisantes pour impressionner ou dissuader un adversaire résolu. |
| Extension : | - cette citation peut s'utiliser dans de multiples contextes. Il suffit de substituer le mot « bras » pour un autre : clan / fils / héros / famille, etc.<br>- bien sûr, si l'on veut aussi respecter la forme de l'alexandrin, seuls les mots d'une syllabe conviennent : clan / fils / groupe / etc. |

**Destouches**  « La critique est aisée, et l'art est difficile. »

| Contexte : | - mise en garde à ceux qui ont la critique trop facilement à la bouche |
|---|---|
| Intention : | - refroidir l'ardent des critiques en leur demandant de créer avant de critiquer |
| Usage : | - citation très souvent faussée à la césure (on met : **mais** au lieu de : **et**) |

### « Quand on fait trop le grand, on paraît bien petit. »

Contexte : - manie de vouloir se montrer sous un jour plus flatteur que la réalité
Intention : - à trop vouloir se mettre en évidence, on finit par se ridiculiser

**Emerson** « Tout mur est une porte. »

Contexte : - comment surmonter les difficultés en profitant des problèmes que l'on a
Intention : - tout problème rencontré appelle une réaction : puiser dans son énergie permet l'apparition de possibilités et de ressources qui apportent des solutions

**Flaubert** « La vie n'est supportable qu'avec une ivresse quelconque. »

Contexte : - la monotonie et l'absurdité de la vie ne sont supportables qu'avec une dose d'ivresse, quelle qu'elle soit
Extension : - cette citation rappelle le vers : *qu'importe le flacon, pourvu qu'on ait l'ivresse* de Musset

« La bêtise consiste à vouloir conclure. »

Contexte : - vouloir avoir raison à tout prix est un signe d'idiotie
Intention : - exhortation à céder quand on sait qu'on a tort.
Extension : - ceci rappelle Figaro qui déclare que devant un sot, il cède toujours.

**Frédéric II** « On presse l'orange et on jette l'écorce. »

Contexte : - mot cruel de Frédéric II brouillé avec Voltaire, et comparant ce dernier à une orange.
- la citation complète de Frédéric II sur Voltaire : « J'aurai besoin de lui encore un an, tout au plus ; on presse l'orange et on jette l'écorce. »
Intention : - allusion à exploiter puis à se débarrasser de tout ce qui n'est plus utile.
Extension : - Voltaire dira plus tard, d'on ton humoristique : « Je vois bien qu'on a pressé l'orange, il faut penser à sauver l'écorce. »

**Frontenac** « La discipline est la clé de la liberté. »

Contexte : - la liberté est à comprendre ici dans le sens de la décontraction, de l'aisance, de la facilité qu'on peut avoir à accomplir certaines tâches difficiles.
Intention : - à l'intention de tous ceux qui veulent arriver, la liberté ne s'acquiert qu'au prix d'un travail acharné et d'une discipline de fer.
Extension : - cette citation s'applique à tous domaines où maîtres, champions, vainqueurs dominent aisément leur discipline ou leur art (musique, sport, domaine intellectuel, etc.).

**Gide** « Quiconque aime vraiment renonce à la sincérité. »

| | |
|---|---|
| Contexte : | - l'amour véritable ne peut pas toujours être sincère. |
| Intention : | - on cache à l'autre une partie de sa vie lorsqu'on aime vraiment. |
| Extension: | - thèse contraire : qui aime vraiment adhère à la sincérité. Sans sincérité, pas d'amour véritable. |

### « Le mal n'est jamais dans l'amour. »

| | |
|---|---|
| Contexte : | - citation casuistique dans la bouche du pasteur de *La Symphonie pastorale* de Gide qui mélange à dessein les différents sens du mot amour : agapè, amour divin et inconditionnel et Éros, amour physique. |
| Intention : | - dans le sens « agapè », l'amour ne peut être que bon et la citation est correcte. |

**Guillevic, E.**   « On ne possède rien, jamais qu'un peu de temps. »

| | |
|---|---|
| Contexte : | - réflexion sur la brièveté de la vie. |
| Intention : | - pensée existentielle à connotation pascalienne. |
| Extension : | - thèse contraire : l'existence est longue ( !) selon le point de vue. |

**Hugo, Victor**   « Bon appétit, Messieurs ! »

| | |
|---|---|
| Contexte : | - dans *Ruy Blas* de Victor Hugo, avec cette phrase Ruy Blas apostrophe ironiquement les ministres en train de dépecer l'Espagne à leurs profits. |
| Intention : | - apostrophe métaphorique à l'adresse de tous les corrompus qui volent, pillent, dépouillent sans aucun droit. |

### « Ce siècle avait deux ans ! »

| | |
|---|---|
| Contexte : | - 1802 : naissance de Victor Hugo. Décrit par cette formule choc, cet événement prend une dimension solennelle et démesurée. |
| Intention : | - reprise de la tournure en changeant le nombre :<br>- ce siècle avait 89 ans quand tomba le mur de Berlin<br>- ce siècle avait 89 ans quand eut lieu la Révolution française |

### « C'est ici le combat du jour et de la nuit. »

| | |
|---|---|
| Contexte : | - paroles antithétiques de Hugo sur son lit de mort, à l'approche de son dernier souffle. |
| Intention : | - peut se dire à propos d'évènements importants arrivés à leur point culminant : grève, conflit, guerre, etc. |

### « Désobéir c'est chercher. »

| | |
|---|---|
| Contexte : | - le fait de désobéir peut être positif si son but noble. |

Intention : - appel à la désobéissance de tous ceux qui ne sont pas satisfaits de leur sort.

### « L'œil qui pleure le plus est aussi l'œil qui voit le mieux. »

Contexte : - être sentimental ou émotionnel est une garantie de lucidité et de sensibilité.
Intention : - prééminence des sentiments sur la raison.

### « Vous n'êtes que le gant, et moi je suis la main. »

Contexte : - vers adressé par Don Salluste à Ruy Blas.
- dissociation entre celui qui agit (la main) et celui que l'on voit (le gant).
Intention : - derrière les actions se trouve celui qui dirige dans l'ombre.

### « Je veux être Chateaubriand ou rien. »

Contexte : - phrase que le jeune Victor Hugo écrivit dans son cahier d'école à l'époque où Chateaubriand était la lumière intellectuelle de la France.
Intention : - aspiration à déclamer son désir d'atteindre l'excellence dans un domaine précis.
Extension : - on peut utiliser cette citation en la modifiant légèrement pour l'adapter au contexte souhaité : « je veux être Roger Federer ou rien. »

### « Vous créez un frisson nouveau. »

Contexte : - phrase d'une lettre de Victor Hugo adressée à Baudelaire.
Intention : - Hugo en découvrant la poésie de Baudelaire a senti la nouveauté exceptionnelle de ce poète qu'il tient à féliciter par ces mots.
Extension : - phrase applicable sans changement pour exprimer toute reconnaissance devant la valeur d'un chef d'œuvre ou d'un exploit nouveau.

### « La raison du meilleur est toujours la plus forte. »

Contexte : - cet alexandrin de Victor Hugo est une citation postiche de la fable Le Loup et l'Agneau de La Fontaine : « La raison du plus fort est toujours la meilleure. » On remarquera l'inversion des adjectifs d'une citation à l'autre.
Intention : - le bon, le meilleur arrive à prévaloir de par sa qualité.
Extension : - à utiliser pour signaler que la qualité peut s'imposer même devant des oppositions arbitraires ou des forces contraires.

La Fontaine    « Selon que vous serez puissant ou misérable,
               Les jugements de cour vous rendront blanc ou noir. »

Contexte : - subjectivité de la justice ; la loi du plus fort conditionne les décisions de justice

Intention :  - ne pas attendre systématiquement de la justice une position objective


**Lamartine**    « Un seul être vous manque et tout est dépeuplé. »

Contexte :   - le poète Lamartine se lamente de la disparition de son amante Mme Charles et exprime le désert sentimental et existentiel dans lequel il se trouve plongé.
Intention :  - compatir au chagrin de quelqu'un ou exprimer son propre chagrin au sujet de la disparition d'un être proche
Extension:  - prendre le contrepied de son interlocuteur en adoptant la position opposée que la disparation d'un être proche mais devenu oppressant peut en fait être une véritable libération. Voir p. 180 : Jean Giraudoux.


**Musset**    « Qu'importe le flacon, pourvu qu'on ait l'ivresse ? »

Contexte :   - critique portant plus sur le contenant que sur le contenu
Intention :  - se concentrer sur le fond et non la forme
Citation complète :   « Aimer est le grand point, qu'importe la maîtresse ?
              Qu'importe le flacon, pourvu qu'on ait l'ivresse. »
Usage :      - second alexandrin quasiment toujours cité seul, voire tronqué à la césure.
Commentaire : - la citation élargie au distique – qui gagne à être connue par le citateur – projette un éclairage inattendu sur cette idée qui exige aujourd'hui du doigté avant usage dans un monde où les rôles de la femme et de l'homme ont bien changé depuis Musset.


« Mon verre n'est pas grand mais je bois dans mon verre. »

Contexte :   - critique des copieurs, imitateurs, copistes et plagiaires de tout poil.
Intention :  - en création littéraire, savoir reconnaître ses limites et s'y cantonner.
             la citation peut aussi se comprendre dans des contextes généraux.
Citation complète :   « Je hais comme la mort l'état de plagiaire ;
              Mon verre n'est pas grand, mais je bois dans mon verre. »
Usage :      - second alexandrin quasiment toujours cité seul, voire tronqué à la césure.
Extension :  - l'intention première de Musset a maintenant disparu derrière la notion de modestie appliquée à tout domaine : savoir se contenter de peu sans faire appel à autrui ; rester modeste mais conscient de sa valeur ; rester conscient de ses limites mais aussi de son originalité.
             - rappelle le vers de Cyrano de ne pas monter bien haut, mais tout seul.


« Je suis venu trop tard dans un siècle trop vieux. »

Contexte :   - regret de Musset d'appartenir à une génération qui n'a pas vécu l'épopée napoléonienne et qui subit les méfaits du siècle des Lumières
Usage :      - regret d'être décalé et en retard par rapport à la réalité, à son époque
Intention :  - justification du fait qu'on peut paraître rétrograde, dépassé
Remarque :   - citation parfois tronquée à la césure : je suis venu trop tard.

| Pascal | « Vérité en-deçà des Pyrénées, erreur au-delà. » |
|---|---|
| Contexte : | - relativité des lois qui changent d'un pays à l'autre |
| Intention : | - valeur relative à accorder aux lois humaines qui n'ont rien d'universel |

« Le cœur a ses raisons que la raison ne connaît point. »

| Contexte : | - mystère du cœur humain et des sentiments |
|---|---|
| Intention : | - mise en évidence du manque de fiabilité de la raison dans le monde sentimental |

**Rostand, Edmond** « Ne pas monter bien haut, peut-être, mais tout seul ! »

| Contexte : | - philosophie de Cyrano dans la tirade des « Non, merci ! » |
|---|---|
| Intention : | - ne devoir son mérite qu'à soi-même et ne pas être un parasite social |

« Brodez, brodez. »

| Contexte : | - Dans *Cyrano de Bergerac*, la précieuse Roxane utilise cette métaphore pour encourager Christian à lui parler d'amour. |
|---|---|
| Intention : | - citation à utiliser pour inciter quelqu'un à continuer à développer une idée, un argument, mais d'une manière subtile, en raffinant dans la dentelle, si je puis risquer ce jeu de mot. |

« Vous m'offrez du brouet quand je voulais des crèmes !

| Contexte : | - dans la même scène qu'au-dessus, la déception de Roxane devant les efforts infructueux de Christian pour « broder » éclate dans cette métaphore filée. |
|---|---|
| Extension : | - citation qu'on peut utiliser pour manifester notre déception à quelqu'un qui, en dépit de sa sincérité et de sa bonne volonté, n'est pas arrivé à nous convaincre en n'atteignant pas au niveau où l'on l'espérait. |

« Mais on n'abdique pas l'honneur d'être une cible. »

| Contexte : | - Cyrano assène cette citation au comte de Guiche qui racontait son stratagème militaire impliquant une dérobade face à l'ennemi. |
|---|---|
| Intention : | - reproche fait à quelqu'un dont l'attitude devant une situation de tension n'est pas claire et ressemble plus à une démission. |
| Extension : | - citation utilisable vis-à-vis de quelqu'un dont le comportement devant le danger laisse entrevoir des zones troubles proches de la pusillanimité, de l'appréhension, de l'inquiétude, voire de la peur. |

**Rousseau**  « On n'est curieux qu'à proportion qu'on est instruit. »

Contexte : - le degré d'instruction détermine la curiosité intellectuelle
Intention : - Il faut encourager le développement de l'instruction qui stimulera la curiosité des gens instruits

« La plus utile règle de toute l'éducation, ce n'est pas de gagner du temps, c'est d'en perdre. »

Contexte : - il ne faut pas chercher à aller vite dans les études, mais à aller bien afin de bien assimiler
Intention : - qui veut finir ses études rapidement risque d'en souffrir plus tard dans la vie. Il vaut bien prendre son temps et acquérir une base solide

**Sartre**  « la seule façon d'apprendre, c'est de contester. »

Contexte : - idée extrême voulant faire de la contestation, donc du questionnement, la base de l'apprentissage et du savoir
Intention : - encouragement à la contestation et donc au développement de l'esprit critique
Extension : - idée contraire suivante qui est probablement plus consensuelle que la citation : la seule façon de contester est d'apprendre

**Valéry**  « Une mauvaise expérience vaut mieux qu'un bon conseil. »

Contexte : - mise en valeur de l'expérience et de la pratique, même mauvaises, au-dessus d'une bonne théorie ou d'un bon conseil

Intention : - valoriser l'apprentissage par rapport aux études générales : rien ne vaut le contact avec l'expérience, avec la pratique
Extension : - on peut inverser facilement cette citation : un bon conseil vaut mieux qu'une mauvaise expérience

« Il faut être léger comme l'oiseau et non pas comme la plume. »

Contexte : - la notion de légèreté est meilleure lorsqu'elle provient de sa propre dynamique (l'oiseau qui se meut) plutôt que d'un élément extérieur favorable. (la plume ballotée par le vent)
Intention : - valoriser tout ce qui est dynamique, qui produit sa propre énergie par opposition à ce qui est atone, amorphe, statique

**Van Gogh**  « Le succès est ce qu'il y a de pire. »

Contexte : - pensée paradoxale qui souligne que le succès empêche ou paralyse le besoin d'effort nécessaire pour l'obtenir.
Intention : - on ne critique pas le progrès pour ce qu'il a de positif, mais pour ce qu'il

|            | apporte de négatif : relâchement, laxisme, perte de volonté |
| Extension : | - on peut certes répliquer que le succès est ce qu'il y a de mieux, lieu commun bien rassurant mais totalement conformiste |

**Vigny**  « Seul le silence est grand. Tout le reste est faiblesse. »

Contexte : - le silence en question est celui du stoïque qui reste fort en dépit des circonstances et refuse de céder ou de faiblir
Intention : - valorisation du stoïcisme
- parfois on n'utilise que le premier hémistiche : seul le silence est grand

« Souffre et meurs sans parler. »

Contexte : - une citation qui met en exergue l'attitude stoïque qui s'impose à tout, même à la mort
Intention : - désir de convaincre ou d'accompagner quelqu'un dans les difficultés ; mais aussi peut s'utiliser pour tancer celui qui se plaint de son sort

**Voltaire**  « Il faut cultiver notre jardin. »

Contexte : - dernière phrase de *Candide* de Voltaire dans laquelle le héros Candide, après une série d'aventures extraordinaires, aspire au calme et à la simplicité
Intention : - il faut savoir se satisfaire de passe-temps et de plaisirs simples.
Intention : - cette citation peut se lire à de multiples niveaux :
- au premier niveau : le jardin apporte fruits, légumes, soleil, ombre, paix…
- au niveau métaphorique, on peut voir le désir de s'occuper de ses propres affaires, sans se mêler de celles des autres
- on peut aussi voir le désir de faire fructifier son bien ( = le jardin) qui rapporte (= fruits, légumes, etc.) parce qu'on y travaille ( = cultive)

# Chapitre III

# CITATIONS PAR THÈME

## A   VICES HUMAINS

Tout adversaire est un individu qui a ses qualités et ses défauts. Ce sont ces derniers qui doivent nous intéresser particulièrement car c'est par là que l'on pourra l'attaquer le plus aisément.

Bien connaître son adversaire est nécessaire et si l'on arrive à découvrir ses faiblesses, ses défauts et ses vices, il devient aisé de le manœuvrer dans la mesure où l'on peut attacher ses imperfections à son domaine professionnel, à son activité publique, à son ambition politique ou sociale.

Les citations de cette partie sont groupées par thèmes correspondant aux vices humains les plus communs et les plus destructeurs. Attacher à son adversaire un ou plusieurs de ces vices, c'est le mettre en grande difficulté et s'assurer qu'il devra tout d'abord songer à parer les coups et être sur la défensive.

Peut-être que son parcours est émaillé d'affaires louches, sulfureuses, de scandales énormes. Peut-être au contraire présente-t-il une personnalité très lisse, sur laquelle il est difficile de repérer des aspérités susceptibles de le mettre en difficulté.

Dans tous les cas, il ne faut rien négliger et la connaissance de son parcours professionnel, politique, sentimental ou même personnel est un élément incontournable si l'on tient à prendre l'avantage.

Il n'est pas question de le bombarder d'attaques ad personam. Le recours à ce moyen est un aveu flagrant d'impuissance et de régression et l'on ne saurait ici l'encourager. Contentons-nous donc d'arguments ad hominem et surtout d'arguments ad rem. Suite à un examen approfondi de toute situation, cela doit suffire à obtenir les munitions nécessaires.

Le conseil majeur, dans tout débat, est de ne pas se laisser manœuvrer pas l'adversaire qui va essayer d'amener l'autre sur un terrain qui lui est favorable. Si tel est le cas, l'argument concessif est alors recommandé pour éviter d'entrer trop dans le détail et de s'embourber : il doit au contraire permettre de revenir sur le terrain solide de sa propre argumentation dont il faut toujours garder à l'esprit les thèmes majeurs, l'objectif visé et les liens à faire pour continuer un développement préparé à l'avance.

Le meilleur moyen de ne pas se laisser manœuvrer est d'avoir dûment mémorisé son plan d'attaque et d'y revenir systématiquement, soit au moyen de concessions, soit au moyen de prétéritions, du genre : quant à votre gestion calamiteuse de (tel aspect), je n'entrerai pas dans les détails. Une telle phrase, outre le fait de recentrer le débat en changeant de sujet, puis en feignant de refuser de traiter le sujet mentionné, indique clairement un point faible dans le dossier de l'adversaire en même temps qu'elle indique que l'on a des sujets plus graves et encore plus calamiteux que celui mentionné. Surtout si l'on peut enchaîner par : en effet, tout le monde se souvient que vous aviez clairement annoncé (telle chose) avant d'en changer d'avis lorsque s'est produit (tel événement), ce que, pour ma part, j'avais prévu et annoncé dès le début de l'affaire.

On peut aussi utiliser les traits de caractère de l'adversaire à notre avantage, surtout lorsqu'ils sont pour lui un handicap flagrant : à supposer qu'il soit très colérique et que son bilan comporte plusieurs exemples d'emportement intempestif, provoquant parfois des répercussions négatives en série, on peut lui rappeler opportunément ces incidents, et en appuyant fortement dessus au bon moment, on peut même peut-être provoquer lors du débat la manifestation de cette colère à notre égard, ce qui serait une grande victoire.

Ainsi donc, si l'on arrive à faire déborder dans le débat les imperfections de l'adversaire en le poussant dans ses retranchements par des arguments ad hominem, ceci relève du grand art.

Au vu de l'abondance des citations, on a réparti en trois catégories les citations regroupées par thèmes.

Il n'a pas été facile de les répartir car certaines sont difficiles à classer dans une des trois catégories. Aussi, je demande l'indulgence du lecteur, et je l'encourage, s'il le juge opportun, de répartir certaines citations différemment, si cela lui semble plus approprié.

**Citations explicatives**

Ces citations sont probablement les plus intéressantes car elles fournissent un grand choix de perspectives sur le thème en question.

On peut facilement abuser de ces citations et l'un des inconvénients que l'on peut rencontrer ici est que, vu qu'elles essaient d'expliquer un aspect du thème étudié, elles sont parfois un peu longues, et donc difficiles à citer de mémoire. Il faut donc alors se rabattre sur la citation paraphrasée si l'on pense que l'idée vaut vraiment la peine d'être énoncée.

Parmi ces citations, on remarque donc une neutralité vis-à-vis de la notion étudiée : mais le fait de ne pas émettre une opinion tranchée permet de dégager beaucoup de nuances qu'une opinion tranchée ne permet pas.

**Citations favorables**

Dans cette partie, on trouve les prises de position claires en faveur du thème étudié. Or, les positions en faveur des vices humains sont peu nombreuses et elles donnent des lumières très révélatrices sur des aspects peu soupçonnés de ces vices.

Victor Hugo : *L'orgueil a cela de bon qu'il préserve de l'envie.*

Michel Bouthot : *Les injustices sont le fondement même de la justice.*

Ces citations favorables à des vices ou à des défauts humains sont les plus inattendues et partant les plus déstabilisantes. Elles méritent une attention spéciale car elles constituent des armes très dangereuses et difficiles à combattre.

Ces positions dépendent du point de vue personnel de l'écrivain. Prenons un exemple de Josiane Coeijmans : *Je prends la jalousie des autres pour un compliment que je ne peux pas leur retourner.*

Cette citation est très intéressante et surprenante au premier abord : on remarque deux sentiments : tout d'abord la jalousie qui est vue positivement, comme un compliment qui honore celui qui en est la victime. Puis on peut déceler une ambiguïté car on voit une sorte de fierté dans le sens que le jalousé ne peut pas rendre cette jalousie (car il serait au-dessus d'un tel sentiment ?) ou est-ce plutôt une sorte de regret ironique de ne pas être jaloux à son tour ?

**Citations défavorables**

Enfin la citation défavorable. D'une manière générale, très logiquement, on trouvera un nombre bien plus important de citations défavorables que favorables. Cela n'est guère surprenant.

Imaginons que la conversation roule sur le thème de la violence. Si vous adoptez, en bon humaniste, une position contre la violence, vous disposez d'une pépinière de citations adéquates du genre de celle de Gandhi à première vue paradoxale : *La non-violence est l'arme des forts.*

Fort de l'appui de Gandhi, cet apport peut vous propulser dans une situation bien meilleure que précédemment et peut vous donner un avantage décisif. Si l'on peut encore appuyer sa démonstration d'une ou deux autres citations fortes contre la violence, on peut emporter la décision.

**Complexité des opinions dans les citations**

Cependant, votre adversaire peut lui aussi partager la même position et citer Jean-Paul Sartre : *la violence est injuste d'où qu'elle vienne*. Cette citation, philosophiquement très acceptable, pèche cependant par son aspect catégorique et exclusif. On peut la raffiner et y mettre des nuances avec Pierre Corneille : *La violence est juste où la douceur est vaine*. Bien sûr, pour avancer cela, il faudra avoir des exemples clairs à produire.

Une autre dimension du débat est de montrer que la violence a ses limites et qu'elle peut être combattue et vaincue par d'autres moyens comme le dit La Fontaine : « *Plus fait douceur que violence.* »

Enfin, on peut aussi opter pour une citation intermédiaire qui peut servir à clore le débat en satisfaisant plus ou moins tout le monde : *La violence, une force faible*, d'après Vladimir Jankélévitch.

\* Dans cette partie du livre, dans la liste des notions proches, on trouvera parfois un astérisque (\*) en regard de certains mots : ceci indique que ces mots-là , outre le fait d'être listés à cet endroit, sont également présentés séparément et en détail à leur place alphabétique dans la même partie.

# Ambition

*Recherche immodérée de la domination et des honneurs*

Notions proches :

arrivisme
brigue
grandeur
mégalomanie
visée

CITATIONS EXPLICATIVES

Shakespeare
« Toute la substance de l'ambition n'est que l'ombre d'un rêve. »

Chauvot de Beauchêne
« Le but de l'ambition est comme l'horizon, il recule à mesure qu'on avance. »

Joseph Sanial-Dubay
« On n'est jamais sans ambition parce qu'on n'est jamais sans désirs. »

Pierre Claude Victor Boiste
« L'ambition se guérit par la privation, et l'amour par la jouissance. »

Pierre Claude Victor Boiste
« L'ambition est le complément de toutes les passions. »

Marcel Proust
« L'ambition enivre plus que la gloire. »

Marc-Aurèle
« La valeur d'un homme n'est pas supérieure à la valeur de ses ambitions. »

Balzac
« L'ambitieux se rêve au faîte du pouvoir, tout en s'aplatissant dans la boue du servilisme. »

CITATIONS FAVORABLES

Henri Frédéric Amiel
« Une ambition déterminée est un soutien et un mobile. »

Jacques de Bourbon Busset
« Il faut être ambitieux, mais il ne faut se tromper d'ambition. »

Balzac
« Là où l'ambition commence, les naïfs sentiments cessent. »

Joseph Conrad
« Toutes les ambitions sont légitimes, excepté celles qui s'élèvent sur les misères ou les crédulités de l'humanité. »

## CITATIONS DÉFAVORABLES

Montesquieu
« Un homme n'est pas malheureux parce qu'il a de l'ambition, mais parce qu'il en est dévoré. »

Nicolas Boileau
« L'ambition, l'avarice, l'amour, la haine
  Tiennent comme un forçat son esprit à la chaîne. »

Swift
« L'ambition fait souvent accepter les fonctions les plus basses ; c'est ainsi que l'on grimpe dans la même posture que l'on rampe. »

Shakespeare
« L'ambition, cancer de l'âme, se consume à sa propre flamme. »

Joseph Sanial-Dubay
« L'ambition et le bonheur tiennent des routes trop différentes pour qu'ils puissent jamais se rencontrer. »

Auguste de Labouïsse-Rochefort
« L'ambition est une perfide maîtresse, elle étouffe celui qui l'entretient. »

Louis Belmontet
« Souvent l'ambition, ce ver rongeur intime, fait de l'ambitieux sa première victime.

## Arbitraire

*Substitution aux règles de la justice distributive ou aux normes fixes et impartiales de la loi, de la volonté variable et intéressée d'un homme ou d'un groupe (adj.) 1. Qui dépend de la seule volonté, n'est pas lié par l'observation de règles : choix arbitraire. 2 Qui dépend du bon plaisir, du caprice de qqn. : sentence arbitraire.*

**Notions proches :**

iniquité
injustice*
partialité*
usurpation

CITATIONS EXPLICATIVES

George Sand
« Rien n'est plus arbitraire que le sens du mot amour. »

Benjamin Constant
« L'arbitraire est au moral ce que la peste est au physique. »

Malesherbes
« Il est difficile d'introduire le pouvoir arbitraire, mais bien aisé de le perpétuer. »

Valéry
« L'artiste vit dans l'intimité de son arbitraire et dans l'attente de sa nécessité. »

Alexis Carrel
« Nous donnons aux choses une individualité arbitraire. »

Henri Rochefort
« L'arbitraire est une arme à un si grand nombre de tranchants, que ceux qui la tiennent s'y couperont éternellement les doigts. »

Elizabeth Gaskell
« Il est noble de défier un pouvoir arbitraire, utilisé de façon cruelle et inique, et cela, pour défendre les plus faibles. »

Proust
« Nous n'avons de l'univers que des visions informes, fragmentées et que nous complétons par des associations d'idées arbitraires, créatrices de dangereuses suggestions. »

CITATIONS FAVORABLES

## CITATIONS DÉFAVORABLES

Malesherbes
**« Le bien de l'état, la tranquillité et la liberté légitime exigent que tout arbitraire soit détruit. »**

Malesherbes
**« L'autorité arbitraire n'est jamais plus active et plus dangereuse, qu'alors qu'elle devient un instrument de vengeance contre un particulier. »**

Denis Langlois
**« C'est de l'ignorance de nos droits que l'arbitraire tire sa plus grande force. »**

Pascal Salin
**« Lorsque la loi est arbitraire, ceux qui se placent dans l'illégalité sont les courageux dénonciateurs de l'oppression étatique. »**

## Arrivisme

*Conduite inspirée par une ambition sans scrupules.*

**Notions proches :**

ambition
carriérisme

CITATIONS EXPLICATIVES

Charles de Gaulle
**« Il n'y a que les arrivistes pour arriver. »**

Paul-Jean Toulet
**« Les arrivistes sont des gens qui arrivent. Ils ne sont jamais arrivés. »**

Jules Renard
**« Qu'est-ce qu'un arriviste ? Un futur arrivé. »**

Jacques Sternberg
**« Quand on est arrivé, on est important ; quand on tente d'arriver, on est importun. »**

Eugène Vivier
**« A quoi arrive-t-on, si l'on arrive : pour le peu de temps qu'on y passera. »**

Milarepa
**« Celui qui va lentement, arrivera rapidement. »**

Henri Jeanson
**« Les cimetières sont pleins de gens arrivés. »**

Henri Dreyssé
**« Rien ne sert de courir, il suffit d'arriver. »**

Jean Carmet
**« Celui qui dit qu'il est arrivé, c'est qu'il n'est pas allé bien loin. »**

Saint-Exupéry
**« Ce qui importe, ce n'est pas d'arriver, mais d'aller vers. »**

Charles Dantzig
**« L'hypocrisie est une huile sociale, la fourberie un miel d'arriviste. »**

Jules Renard
**« Pour arriver, il faut mettre de l'eau dans son vin jusqu'à ce qu'il n'y ait plus de vin. »**

CITATIONS FAVORABLES

Jacques Sternberg
**« Quand on est arrivé, on est important ; quand on tente d'arriver, on est importun. »**

CITATIONS DÉFAVORABLES

Beaumarchais
**« Médiocre et rampant, on arrive à tout. »**

Bruno Masure
**« Pour plaire à ses supérieurs, un arriviste fait des ronds de jambe. Une arriviste, elle, les écarte … »**

Goethe
**« Celui qui joue avec la vie n'arrive jamais à rien. »**

Gesualdo Bufalino
**« Dans un monde d'arrivistes, la règle la meilleure est de ne pas partir. »**

# Avarice

*Attachement excessif aux richesses, vice de l'avare*

Notions proches :

avidité
cupidité
mesquinerie
pingrerie
radinerie

CITATIONS EXPLICATIVES

Paul Morand
« L'avarice est un péché qui rapporte. »

Montaigne
« De vrai, ce n'est pas la disette, c'est plutôt l'abondance qui produit l'avarice. »

Balzac
« L'avarice commence où la pauvreté cesse. »

Montaigne
« L'abondance produit l'avarice, et non la disette. »

Plutarque
« L'avarice excite les désirs et défend la jouissance. »

Shakespeare
« L'avarice adhère à la vieillesse, comme à la jeunesse l'amour. »

Balzac
« L'avarice croît et se nourrit de ce qui tue l'amour : la possession. »

Destouches
« L'avarice est une passion qui croît en vieillissant. »

CITATIONS FAVORABLES

Balzac
« Quand l'avarice se propose un but, elle cesse d'être un vice, elle est le moyen d'une vertu. »

Balzac
« L'avarice des pères prépare la prodigalité des enfants. »

## CITATIONS DÉFAVORABLES

Vauvenargues
**« L'avarice annonce le déclin de l'âge et la fuite précipitée des plaisirs. »**

Etienne de Jouy
**« Tous les vices sont odieux, mais il n'y en a qu'un de ridicule, c'est l'avarice. »**

Stendhal
**« La pruderie est une espèce d'avarice, la pire de toutes. »**

Publilius Syrus
**« Il n'est au monde entier aucun gain, ni trésor, qui puisse assouvir l'appétit de l'avarice. »**

Kafka
**« L'avarice est … l'un des signes les plus sûrs d'un profond malheur. »**

## Colère

*Vive émotion de l'âme se traduisant par une violente réaction physique et psychique*

**Notions proches :**
Agressivité*
courroux
emportement
fureur
susceptibilité

## CITATIONS EXPLICATIVES

Chateaubriand
**« La colère, comme la faim, est mère de mauvais conseils. »**

Montaigne
**« Il n'est passion qui ébranle tant la sincérité des jugements comme la colère. »**

Marc Aurèle
**« Les conséquences de la colère sont plus grandes que les causes. »**

Anne Brontë
**« Une douce réponse fait tomber la colère. »**

Mia Couto
**« La colère n'est qu'une manière différente de pleurer. »**

Grégoire Lacroix
**« La colère c'est la violence des faibles. »**

Dalaï lama
**La colère émane d'un esprit grossier qui doit être adouci par l'amour. »**

Bouddha
**« Rester en colère, c'est comme saisir un charbon ardent avec l'intention de le jeter sur quelqu'un ; c'est vous qui vous brûlez. »**

## CITATIONS FAVORABLES

Aristote
**« La colère est nécessaire. On doit l'utiliser non comme chef, mais comme soldat. »**

Richard Bohringer
**« La colère, ça fait vivre. Quand t'es plus en colère, t'es foutu. »**

CITATIONS DÉFAVORABLES

John Green
**« Aucune raison d'être en colère. La colère ne fait que distraire de la tristesse. »**

Guy Carlier
**« La porte claquée, c'est le point d'exclamation du con en colère. »**

Alfred de Musset
**« L'orgueil en colère est mauvais conseiller. »**

Bree Despain
**« La peur conduit à la colère. La colère à la haine. La haine aux ténèbres. »**

## Corruption

*Altération, changement en mal*
*Dégradation de ce qui est sain, honnête et constitue une valeur morale*
*Faute de celui qui se laisse détourner de son devoir par des dons, des promesses ou la persuasion*

**Notions proches :**
concussion
exaction
forfaiture
malversation
prévarication

CITATIONS EXPLICATIVES

Jean-Marie Adiaffi
« La corruption est l'une des mamelles de la politique. »

Eric Vuillard
« La corruption est un poste incompressible du budget des grandes entreprises, cela porte plusieurs noms, lobbying, étrennes, financement des partis. »

Aldous Huxley
« Mieux vaut le sacrifice d'un seul que la corruption d'une quantité de gens. »

Tennessee Williams
« Il est des sentiments que rien ne peut toucher sous peine de corruption. »

Jean-Jacques Rousseau
« On peut dire qu'un gouvernement est parvenu à son dernier degré de corruption quand il n'a plus d'autre nerf que l'argent. »

Théophile Gautier
« La corruption a des attraits inexplicables même pour les âmes les plus honnêtes. »

Frank Herbert
« La corruption revêt des déguisements infinis. »

Rivarol
« Telle est la différence entre la corruption et la barbarie : l'une est plus féconde en vices, et l'autre en crimes. »

John Wayne
« Perversion et corruption se cachent souvent sous le masque de l'ambiguïté. »

Edward Gibbon
« **La corruption, le plus infaillible symptôme de liberté constitutionnelle.** »

Albert Einstein
« **Le seul moyen d'échapper à la corruption qu'entraînent les éloges est de continuer à travailler.** »

CITATIONS FAVORABLES

CITATIONS DÉFAVORABLES

Marc Aurèle
« **Je donne le nom de peste à la corruption de l'intelligence, bien plus sûrement qu'à l'infection de l'air qui nous entoure.** »

Balzac
« **La corruption est l'arme de la médiocrité qui abonde, et vous en sentirez partout la pointe.** »

Jean-Jacques Rousseau
« **La corruption des mœurs a porté atteinte à la pureté du goût.** »

Fontenelle
« **La corruption des mœurs, qui peut se maintenir jusqu'à un certain point malgré l'instruction, était infiniment favorisée et accrue par l'ignorance.** »

Giacomo, comte Leopardi
« **La corruption des mœurs est mortelle pour les républiques et utile aux tyrannies et aux monarchies absolues.** »

## Cruauté

*Caractère de celui/celle/ce qui est cruel*
*Penchant à faire souffrir autrui*

**Notions proches :**

brutalité
inflexibilité
inhumanité
intolérance*
malfaisance
tyrannie*

CITATIONS EXPLICATIVES

Proverbe français
« **Cruauté est fille de couardise.** »

Abbé Jean-Jacques Barthélemy
« **La cruauté croît à raison de la faiblesse.** »

Bertrand Russell
« **La peur collective favorise l'instinct grégaire et la cruauté envers ceux qui n'appartiennent pas au troupeau.** »

Honorat de Bueil, seigneur de Racan
« **Ô cruauté du sort qui n'a jamais de cesse !** »

Emmanuel Kant
« **La cruauté envers les bêtes est la violation d'un devoir de l'homme envers lui-même.** »

Marcel Proust
« **… Cette indifférence aux souffrances qu'on cause et qui, quelques autres noms qu'on lui donne, est la forme terrible et permanente de la cruauté.** »

CITATIONS FAVORABLES

Nietzsche
« **La cruauté est le remède de l'orgueil blessé.** »

CITATIONS DÉFAVORABLES

Fiodor Dostoïevski
« **On compare parfois la cruauté de l'homme à celle des fauves, c'est faire injure à**

ces derniers. »

Vauvenargues
« L'insensibilité à la vue des misères peut s'appeler dureté ; s'il y entre du plaisir, c'est cruauté. »

Montaigne
« Les naturels sanguinaires à l'endroit des bêtes témoignent d'une propension naturelle à la cruauté. »

Montaigne
« Je hais, entre autres vices, cruellement la cruauté, et par nature et par jugement, comme l'extrême de tous les vices. »

Balzac
« Pour savoir jusqu'où va la cruauté de ces charmants êtres que nos passions grandissent tant, il faut voir les femmes entre elles. »

Paul Léautaud
« Je n'ai rien vu de grand dans la vie que la cruauté et la bêtise. »

# Cupidité

*Désir violent et immodéré de posséder ou de jouir de quelque chose*
*Désir immodéré de gains et de richesse*

Notions proches :

avidité
convoitise
désir
envie*
rapacité

## CITATIONS EXPLICATIVES

Voltaire
« J'ai toujours remarqué que les grands chagrins étaient le fruit de notre cupidité effrénée. »

Esope
« Lorsqu'on cherche par cupidité à avoir plus que l'on n'a, on perd même ce qu'on possède. »

Gandhi
« Remplacez la cupidité par l'amour et tout sera à sa place. »

Albert Einstein
« Trois grandes forces dominent le monde : la stupidité, la peur et la cupidité. »

David Augustin de Brueys
« La cupidité rend l'homme malheureux en lui rendant insupportables les privations. »

Plutarque
« La cupidité, en acquérant toujours, n'est jamais satisfaite. »

## CITATIONS FAVORABLES

Henry de Montherlant
« Ambition et cupidité sont les deux jambes de l'homme du siècle ; celui qui ne les a pas est un cul-de-jatte dans la foule. »

## CITATIONS DÉFAVORABLES

Louis Philippe, comte de Ségur
« Quand la cupidité lutte contre la vertu, son succès est rarement douteux. »

Daniel Woodrell
**« La cupidité est à la racine de tous les ennuis. »**

Proverbe russe
**« Le loup est voleur par instinct et l'homme par cupidité. »**

Confucius
**« Un seul homme, le prince, par son avarice et sa cupidité, suffira pour causer le désordre au sein d'une nation. »**

Cicéron
**« La cupidité est la plus grande source de l'injustice. »**

Montherlant
**« Ambition et cupidité sont les deux jambes de l'homme du siècle ; celui qui ne les a pas est un cul-de-jatte dans la foule. »**

Pascal
**« Rien n'est si semblable à la charité, et rien n'y est si contraire. »**

Amiel
**« L'ignoble nous enserre, la vulgarité nous étouffe, la cupidité nous dévore. »**

## Démagogie

*Recherche de la faveur du peuple pour obtenir ses suffrages et le dominer*
*Fait de flatter une collectivité, en particulier un auditoire*

**Notions proches**

complaisance
électoralisme

CITATIONS EXPLICATIVES

Saint-Exupéry
« La démagogie s'introduit quand, faute de commune mesure, le principe d'égalité s'abâtardit en principe d'identité. »

Georges Elgozy
« La démagogie est à la démocratie ce que la prostitution est à l'amour. »

Raoul Vaneigem
« Il est aussi vain de reprocher aux spécialistes de l'information leur démagogie … que de prêcher l'honnêteté à un homme d'affaires. »

Sigrid Combüchen
« En politique, il ne s'agit pas de nuancer mais d'opposer sa démagogie à un autre dans l'espoir que de ce choc jaillissent quelques étincelles. »

Victor Hugo
« Il faut … que la défaite de la démagogie soit la victoire du peuple. »

Jacques de Lacretelle
« Les monarchies meurent du favoritisme. Les démocraties ont le leur. Il se nomme démagogie. Et elles en meurent aussi. »

CITATIONS FAVORABLES

CITATIONS DÉFAVORABLES

Ésope
« Les démagogues font d'autant mieux leurs affaires qu'ils ont jeté leur pays dans la discorde. »

Charles Péguy
« Le triomphe des démagogies est passager, mais les ruines sont éternelles. »

Henry de Montherlant
**« Chercher à plaire est la pente la plus glissante pour piquer droit vers le plus bas niveau. »**

Coluche
**« La diplomatie ressemble beaucoup à la démagogie. La première est une qualité, l'autre un défaut. »**

Gilbert Cesbron
**« La démagogie … requiert, d'un côté des menteurs et, de l'autre, des dupes. »**

## Despotisme

*Pouvoir solitaire et sans contrôle, absolu et arbitraire d'un despote*
*Toute forme d'autorité qui tend à devenir tyrannique et oppressive*

**Notions proches :**
absolutisme
dictature
domination
totalitarisme

CITATIONS EXPLICATIVES

Robespierre
« Tous les ennemis de la liberté parlent contre le despotisme d'opinion, parce qu'ils préfèrent le despotisme de la force. »

Jean-Paul Marat
« Toutes les religions prêtent la main au despotisme. »

Victor Hugo
« Éterniser l'armée, c'est éterniser le despotisme. »

Balzac
« Les petits esprits ont besoin de despotisme pour le feu de leurs nerfs. »

Malesherbes
« Le despotisme érigé en loi peut offrir des avantages présents, mais il est le présage de malheurs à venir. »

Balzac
« Quand le despotisme est dans les lois, la liberté se trouve dans les mœurs et vice versa. »

Louis Blanc
« Lorsque, dans une société, la force organisée n'est nulle part, le despotisme est partout. »

Eschyle
« Ne consens à vivre ni dans l'anarchie ni sous le despotisme. »

Victor Hugo
« Ni despotisme ni terrorisme. Nous voulons le progrès en pente douce. »

Abbé Galiani
« L'éducation publique pousse à la démocratie, l'éducation particulière mène droit au despotisme. »

Emile de Girardin
**« La victoire est la ligne la plus droite qui mène au despotisme. »**

Pythagore
**« La gloire enveloppe le despotisme de son éclat, et le fait admirer du vulgaire. »**

## CITATIONS FAVORABLES

André Glucksmann
**« C'est l'idée du despotisme qui nous donne l'idée de la démocratie. »**

## CITATIONS DÉFAVORABLES

Gustave Le Bon
**« La démocratie a deux excès à éviter : l'esprit d'égalité extrême, qui la conduit au despotisme d'un seul, et le despotisme d'un seul qui finit par la guerre. »**

George Sand
**« L'intolérance, escortée du despotisme qui en est l'application, est le pire des maux. »**

Montesquieu
**« L'esprit d'égalité extrême conduit au despotisme d'un seul. »**

Louis Philippe, comte de Ségur
**« Le despotisme est condamné à l'inconséquence, puisqu'il est par lui-même tout ce qu'on peut concevoir de plus opposé à la raison, à la nature, et à la justice. »**

Tostoï
**« Dès que vous avez recours aux armes, vous créez un nouveau despotisme. Au lieu de le détruire, vous le perpétuez. »**

Chamfort
**« Moi, tout ; le reste : rien : voilà le despotisme, l'aristocratie et leurs partisans. »**

## Egoïsme

*Attitude ou conduite de celui qui, le plus souvent consciemment, ne se préoccupe que de son intérêt ou de son plaisir propre au détriment ou au mépris de celui d'autrui*

**Notions proches :**

égocentrisme
égotisme
exclusivité
individualisme

## CITATIONS EXPLICATIVES

Madame de Staël
« **L'amour est un égoïsme à deux.** »

Maxime du Camp
« **L'égoïsme est à l'amour ce que la cécité est à la vue.** »

Henri de Régnier
« **L'égoïsme est l'état naturel de l'homme ; la vanité celui de la femme.** »

Eugène Marbeau
« **L'amour est l'exaspération féroce de l'égoïsme.** »

Clémenceau
« **Le mal venu de l'égoïsme fait chacun de nous victime et bourreau tour à tour.** »

Henri Lacordaire
« **L'égoïsme consiste à faire son bonheur du malheur de tous.** »

Balzac
« **L'égoïsme est le poison de l'amitié.** »

Françoise Sagan
« **L'argent rend égoïste.** »

Marcel Prévost
« **La vie à deux adoucit l'égoïsme en le dédoublant.** »

## CITATIONS FAVORABLES

Henri Lacordaire
« **L'égoïsme aspire à la solitude pour échapper à la dépendance.** »

Gérard de Nerval
« **Le dernier mot de la liberté, c'est l'égoïsme.** »

Oscar Wilde
« **Le véritable inconvénient du mariage, c'est qu'il tue l'égoïsme.** »

Stendhal
« **Chacun pour soi dans ce désert d'égoïsme qu'on appelle la vie.** »

## CITATIONS DÉFAVORABLES

George Sand
« **Il n'y a pas de vrai bonheur dans l'égoïsme.** »

Charles Dubois
« **L'égoïsme paralyse le génie, et retarde le progrès.** »

Germaine de Staël
« **Quand l'infortune est générale dans un pays, l'égoïsme est universel.** »

Sylvain Maréchal
« **L'égoïsme est l'un des plus redoutables ennemis de l'amour.** »

Louis Belmontet
« **L'égoïsme est une prison, n'ayant que soi pour seul horizon.** »

Pierre Claude Victor Boiste
« **L'égoïsme ôte toute espèce de sensibilité, c'est une lèpre morale.** »

Jean-Benjamin de Laborde
« **L'égoïsme est l'ennemi du bonheur, il défend d'aimer et d'admirer.** »

# Envie

*Besoin, désir plus ou moins violent*
*Désir de ce qu'un autre possède*
*Tendance négative, passion mauvaise qui consiste à s'affliger de la réussite ou du bonheur d'autrui, et pouvant aller jusqu'à lui désirer du mal et chercher à lui nuire*

Notions proches :

désir
soif
appétit
convoitise
appétence

CITATIONS EXPLICATIVES

Fontenelle
« Chacun est envié pendant qu'il est lui-même envieux. »

Jules Renard
« Être heureux, c'est être envié. »

Chauvot de Beauchêne
« L'envie est à l'âme ce que la rouille est au fer, elle la ronge. »

Proverbe hindou
« N'envie à qui que ce soit le bonheur apparent dont il jouit ; car tu ne connais pas ses peines secrètes. »

Denys Caton
« Par des airs de grandeur n'irrite point l'envie. »

Victor Hugo
« Tous ces faux biens qu'on envie // passent comme un soir de mai. »

André Gide
« Par instants j'ai envie de me plaindre. J'arrive, par orgueil, à réfréner cette envie. »

CITATIONS FAVORABLES

David Tellier
« Vis tes rêves pour combler l'envie ».

## CITATIONS DÉFAVORABLES

Descartes, René
**« Il n'y a aucun vice qui nuise tant à la félicité des hommes que celui de l'envie. »**

Pierre Claude Victor Boiste
**« L'envie rend odieuses les personnes qui en sont atteintes. »**

Francis Bacon
**« L'envie est le fer rongeur du mérite et de la gloire. »**

René Descartes
**« Il n'y a aucun vice qui nuise tant à la félicité des hommes que celui de l'envie. »**

Proverbe chinois
**« La passion de l'envie est comme un grain de sable dans l'œil. »**

Charles Félix Hyacinthe Gouhier
**« L'envie est par excellence le vice des esprits étroits. »**

Cléobule de Rhodes
**« Il y a deux choses à craindre : l'envie des amis et la haine des ennemis. »**

## Gaspillage

*Action de gaspiller (de l'argent, une fortune, un patrimoine) en dépenses désordonnées, inutiles, excessives ; résultat de cette action*

**Notions proches :**

dépense
détournement
dilapidation
galvaudage
gabegie
prodigalité

CITATIONS EXPLICATIVES

Ivo Andric
« Rien ne conduit à la faute et au gaspillage comme le langage lui-même. »

Albert Camus
« Le signe de la jeunesse … c'est surtout une précipitation à vivre qui touche au gaspillage. »

Aldous Huxley
« Si la guerre, le gaspillage, et les usuriers étaient abolis, vous vous effondreriez. »

Oscar Wilde
« Le temps est un gaspillage d'argent. »

José Artur
« Pour un avare, éjaculer est un gaspillage. »

Hugo Pratt
« La chasteté, c'est du gaspillage. »

Paul Carvel
« Se respecter, c'est apprendre à ne pas se gaspiller. »

Jacqueline Dupuy
« Le meilleur est toujours présent, on se gaspille à force de se réserver. »

CITATIONS FAVORABLES

Edgar Morin
« Il faut accepter la « consummation », la poésie, la dépense, le gaspillage, une part de folie dans la vie … et c'est peut-être cela, la sagesse. »

CITATIONS DÉFAVORABLES

Mère Teresa
**« Ce qui me scandalise, ce n'est pas qu'il y ait des riches et des pauvres, c'est le gaspillage. »**

Daniel Desbiens
**« Gaspiller le temps fait manifestement naître maints tourments. »**

Anonyme
**« S'inquiéter du temps passé, c'est gaspiller celui qui vient. »**

## Haine

*Sentiment de profonde antipathie à l'égard de quelqu'un, conduisant parfois à souhaiter l'abaissement ou la mort de celui-ci*
*Sentiment de profonde aversion pour quelque chose*

**Notions proches :**

animosité
antipathie
aversion
exécration
hostilité
malveillance
répulsion
ressentiment

CITATIONS EXPLICATIVES

Plutarque
« L'adversité fait cesser l'envie, il est vrai, et non pas la haine. »

Platon
« Le propre de l'injustice est d'engendre la haine. »

Henri Frédéric Amiel
« La haine est la mère de toutes les puissances de l'enfer. »

Hervé Bazin
« La haine est un levier plus puissant que l'amour. »

Victor Hugo
« La haine, c'est l'hiver du cœur. »

Eugène Marbeau
« Pour guérir ta haine, fais du bien à ton ennemi. »

Tennessee Williams
« La haine est un sentiment qui ne peut exister que dans l'absence de toute intelligence. »

Milan Kundera
« Le piège de la haine, c'est qu'elle nous enlace trop étroitement à l'adversaire. »

William Shakespeare
« On peut faire beaucoup avec la haine, mais encore plus avec l'amour. »

CITATIONS FAVORABLES

Plutarque
**« La haine pour les méchants est un sentiment honnête. »**

CITATIONS DÉFAVORABLES

Pierre Claude Victor Boiste
**« La haine impuissante se soulage par la calomnie. »**

Sénèque
**« La haine est fille de l'offense. »**

John Petit-Senn
**« La haine que nous avons pour nos ennemis nuit moins à leur bonheur qu'au nôtre. »**

Spinoza
**« La haine ne peut jamais être bonne. »**

Nicole Avril
**« Il y a toujours de la haine de soi à l'origine de la haine de l'autre. »**

## Ignorance

*État de celui qui ignore quelque chose*
*État de celui qui ne connaît pas (ou très peu) quelque chose, parce qu'il ne l'a pas étudié, pratiqué, expérimenté*

**Notions proches :**

bêtise
idiotie
imbécillité
inculture
ingénuité
lacune
méconnaissance
sottise

CITATIONS EXPLICATIVES

John Ruskin
« Plaider l'ignorance n'enlèvera jamais notre responsabilité. »

Chevalier de Méré
« L'admiration est la fille de l'ignorance. »

Euripide
« Quel fléau que la richesse unie à l'ignorance. »

Victor Hugo
« La liberté commence où l'ignorance finit. »

Benjamin Disraeli
« Être conscient de son ignorance, c'est tendre vers la connaissance. »

Vauvenargues
« Ni l'ignorance n'est défaut d'esprit, ni le savoir n'est preuve de génie. »

Yvon Rivard
« S'accrocher au connu, c'est rester prisonnier de l'ignorance. »

Saint François d'Assise
« Là où il y a charité et sagesse, il n'y a plus ni peur ni ignorance. »

Baltasar Gracian
« Le premier signe de l'ignorance, c'est de présumer que l'on sait. »

Jean Guitton
« Quand on ne sait pas il vaut mieux se taire que d'étaler son ignorance. »

Louis Joseph Mabire
« On dédaigne plus par ignorance que par délicatesse. »

Pythagore
« La servitude est la fille de l'ignorance. »

Lamennais
« La science ne sert guère qu'à nous donner une idée de l'étendue de notre ignorance. »

Pierre Larousse
« L'ignorance est la nuit de l'esprit. »

CITATIONS FAVORABLES

Frank Herbert
« L'ignorance a ses avantages. »

Boileau
« L'ignorance vaut mieux qu'un savoir affecté. »

CITATIONS DÉFAVORABLES

Rabelais
« Ignorance est mère de tous les maux. »

Victor Hugo
« L'homme a un tyran, l'ignorance. »

Anatole France
« L'ignorance est la condition nécessaire du bonheur des hommes et il faut reconnaître que le plus souvent, ils la remplissent bien. »

## Impatience

*Manque de patience ; incapacité de se contenir, considérée comme un trait de caractère*

**Notions proches :**

désir
empressement
fougue
hâte
impétuosité
précipitation
vivacité

CITATIONS EXPLICATIVES

Marcel Proust
**« Que de bonheurs possibles dont on sacrifie ainsi la réalisation à l'impatience d'un plaisir immédiat. »**

Gilbert Cesbron
**« La patience est parfois le fruit le plus secret de l'impatience. »**

Charles Dollfus
**« L'impatience et l'inquiétude sont sœurs. »**

Anne Barratin
**« On sent souvent dans la patience gigoter l'impatience, comme l'enfant dans ses langes. »**

Louis XIV
**« C'est toujours l'impatience de gagner qui fait perdre. »**

Jean Rostand
**« J'approuve par lassitude, je contredis par impatience. »**

Ernest Naville
**« La source de nos découragements est souvent dans notre impatience. »**

François Mitterand
**« Ma patience est faite de mille impatiences. »**

Victor Cherbuliez
**« La passion est toujours impatiente. »**

Fénelon
**« L'impatience, qui paraît une force et une vigueur de l'âme, n'est qu'une faiblesse et une impuissance de souffrir la peine. »**

Pierre-Jules Stahl
**« On perd souvent plus par son impatience qu'on ne gagne par son habilité. »**

## CITATIONS FAVORABLES

Elias Canetti
**« Toute nouveauté a besoin d'impatience pour naître. »**

## CITATIONS DÉFAVORABLES

Eric-Emmanuel Schmitt
**« L'impatience est une soif qu'aucune justification n'étanche. »**

John Cleland
**« L'impatience est la marque distinctive de la luxure. »**

Marc Lévy
**« L'impatience tue l'enfance. »**

Confucius
**« Une petite impatience ruine un grand projet. »**

Jean-Baptiste blanchard
**« L'impatience aigrit et aliène les cœurs, la douceur les ramène. »**

## Incompétence

*Manque de compétence, de capacité pour porter un jugement de valeur dans un domaine spécifique*

**Notions proches :**

impéritie
impuissance
inaptitude
incapacité
inexpérience
insuffisance

CITATIONS EXPLICATIVES

Isaac Asimov
« **La violence … est le dernier refuge de l'incompétence.** »

Bernard Pivot
« **Le travail utile est toujours effectué par des individus qui n'ont pas atteint leur niveau d'incompétence.** »

Emil Michel Cioran
« **Quiconque, par distraction ou incompétence, arrête tant soit peu l'humanité dans sa marche, en est le bienfaiteur.** »

George R.R. Martin
« **La diablerie n'est que la sauce que les idiots répandent à pleine louche sur leurs échecs pour masquer le fumet de leur incompétence.** »

Confucius
« **L'homme honorable s'afflige de son incompétence ; il ne s'afflige pas de n'être pas connu des hommes.** »

Laurent Martinez
« **Entre fond et forme, la forme est la compétence des incompétents.** »

René Guénon
« **L'avis de la majorité ne peut être que l'expression de l'incompétence.** »

CITATIONS FAVORABLES

CITATIONS DÉFAVORABLES

Scott Adams
« **Rien n'est plus efficace pour faire fuir le travail que la pure incompétence.** »

Laurence Peter
« **Tout employé a tendance à s'élever à son niveau d'incompétence.** »

André Malraux
« **Réussite : accession au dernier poste, c'est-à-dire au niveau d'incompétence.** »

## Inconstance

*Tendance qui consiste à changer trop facilement d'opinion, de décision, de sentiment ou de comportement*

**Notions proches :**

changement
incertitude
instabilité
précarité
versatilité

## CITATIONS EXPLICATIVES

Térence
« Un souffle fait pencher le cœur de l'inconstant. »

Musset
« Les inconstants n'aiment pas, ils jouent avec les cœurs. »

Pascal
« Condition de l'homme : inconstance, ennui, inquiétude. »

Swift
« Rien n'est constant dans ce monde que l'inconstance. »

Philippe Blondel
« A vingt et un an, on est souvent parjure. On a de l'inconstance. »

John Petit-Senn
« Pour motiver son amour ou son inconstance, on trouve avec la même facilité des qualités à sa maîtresse ou des défauts à sa femme. »

Jean-François Regnard
« Un peu d'inconstance, assaisonnée quelquefois de perfidie. »

Louis-Philippe de Ségur
« La faveur populaire est inconstante, et la haine aristocratique est durable. »

Alfred Auguste Pilavoine
« L'homme est si mobile et si inconstant, qu'il trouve son ennui d'aujourd'hui dans son caprice d'hier. »

François Gaston de Lévis
« Il n'y a de mérite à être fidèle que lorsqu'on commence à devenir inconstant. »

Joseph Michel Antoine Servan
**« L'ennui est le père de l'inconstance. »**

Jean-Jacques Rousseau
« L'inconstance et l'amour sont incompatibles : l'amant qui change ne change pas ; il commence ou finit d'aimer. »

Laclos
**« Pour les hommes, l'infidélité n'est pas l'inconstance. »**

CITATIONS FAVORABLES

Paul de Kock
**« L'inconstance est le bonheur des hommes ; la séduction, la perfidie, sont leurs plus doux passe-temps. »**

CITATIONS DÉFAVORABLES

Madeleine d'Arsant de Puisieux
**« L'inconstance est un obstacle au bonheur, l'habitude est pire encore. »**

Ulric Guttinguer
**« Ah ! tout vaut mieux qu'un inconstant. »**

## Indécision

*État, caractère d'une personne qui manque de décision*

**Notions proches :**

embarras
hésitation
incertitude
indétermination
procrastination

CITATIONS EXPLICATIVES

Emil Michel Cioran
« L'interminable est la spécialité des indécis. »

Eugène Marbeau
« Rien ne pèse dans la vie autant que l'indécision, dans le cœur autant que le doute. »

Benjamin Constant
« L'indécision est le grand supplice de la vie, il n'y a que le devoir qui nous en préserve. »

Napoléon Bonaparte
« Les batailles se perdent par indécision ou excès de prudence. »

Francis Bacon
« Une erreur qui décide vaut mieux qu'une vérité incomplète qui laisse dans l'indécision. »

Aglaé Adanson
« Mieux vaut un mauvais parti que de demeurer indécis. »

Louis Joseph Mabire
« L'humeur tranche nos indécisions plus souvent que la raison ne les dénoue. »

Miguel de Cervantès
« L'indécis laisse geler sa soupe de l'assiette à sa bouche. »

Robert Bourassa
« Je croyais être indécis mais je n'en suis plus certain. »

Félix Leclerc
« Le tango a dû être inventé par un indécis. »

CITATIONS FAVORABLES

Laure Permon Junot, duchesse d'Abrantès
« Laissez les femmes dans l'indécision, vous aurez toujours la curiosité pour vous. »

CITATIONS DÉFAVORABLES

Aglaé Adanson
« L'indécision est la fièvre lente de l'âme, elle la consume et la tue. »

Pierre Louis de Lacretelle
« L'indécision et l'inaction sont les parents de l'échec. »

Napoléon Bonaparte
« L'indécision est au gouvernement ce que la paralysie est à l'action des membres. »

Honoré de Balzac
« La faiblesse est la suite naturelle de l'indécision. »

Victor Cherbuliez
« L'indécision est pour les âmes bien trempées un tourment mortel. »

Pierre Claude Victor Boiste
« Trop de lumière jettent dans l'indécision : l'aveugle va droit devant lui. »

Euripide
« Un esprit indécis est malfaisant. »

## Injustice

*Absence de justice, du principe moral impliquant la conformité de la rétribution avec le mérite, le respect de ce qui est conforme au droit*
*Caractère, qualité de celui/de ce qui est injuste*

**Notions proches :**

abus
arbitraire*
favoritisme
iniquité
partialité
préjudice

CITATIONS EXPLICATIVES

Térence
« Justice extrême est extrême injustice. »

Maurice Chapelan
« La justice, c'est l'injustice équitablement partagée. »

Louis Dumur
« Une injustice dont nous profitons s'appelle la chance ; une injustice dont un autre profite s'appelle un scandale. »

Raymond Radiguet
« La puissance ne se montre que si l'on en use avec injustice. »

Goethe
« J'aime mieux commettre une injustice que de souffrir un désordre. »

Romain Rolland
« Quand l'ordre est injustice, le désordre est déjà un commencement de justice. »

Guy Maheux
« La bravoure rend tout possible car elle supprime la justice et l'injustice. »

Pierre Nicole
« Ce n'est pas l'injustice en soi qui nous blesse, c'est d'en être l'objet. »

Cioran
« Le progrès est l'injustice que chaque génération commet à l'égard de celle qui l'a précédée. »

La Rochefoucauld
« L'amour de la justice n'est pour la plupart des hommes que la crainte de souffrir l'injustice. »

Edmond et Jules de Goncourt
« L'égalité est la plus horrible des injustices. »

Pierre Véron
« L'amnistie est un acte par lequel les gouvernements pardonnent les injustices qu'ils ont commises. »

CITATIONS FAVORABLES

Confucius
« Une injustice n'est rien si on parvient à l'oublier. »

Michel Bouthot
« Les injustices sont le fondement même de la justice. »

CITATIONS DÉFAVORABLES

Jules Renard
« Le danger du succès, c'est qu'il nous fait oublier l'effroyable injustice du monde. »

Jean-Paul Delevoye
« Les révoltes et les violences naissent moins des misères que des injustices. »

Montesquieu
« Une injustice faite à un seul est une menace faite à tous. »

Lacordaire
« L'injustice appelle l'injustice ; la violence engendre la violence. »

## Intolérance

*Répugnance ou impossibilité à supporter certaines choses, certaines personnes
Manque de respect pour les croyances, les opinions que l'on réprouve ou que l'on juge fausses*

**Notions proches :**

fanatisme
fureur
intransigeance
inflexibilité
rigidité
sectarisme

CITATIONS EXPLICATIVES

Maxime du Camp
« Il faut combattre l'intolérance, de quelque côté qu'elle se produise. »

Victor Hugo
« L'intolérance des tolérants existe, de même que la rage des modérés. »

Miguel de Unamuno
« Il n'est pire intolérance que celle de la raison. »

Voltaire
« Plus on est absurde, plus on est intolérant et cruel. »

Pierre Reverdy
« L'intolérance est dans la nature de l'homme et non pas dans les religions. »

Henri-Frédéric Amiel
« C'est toujours sur les frontières des religions que se rencontre l'intolérance. »

Jean-Baptiste de Belloy
« Il faut être tolérant pour les intolérants mêmes, et ne haïr que les persécuteurs. »

Virginia Woolf
« Les volontés des faibles sont la pâture de l'intolérance. »

Charles Dollfus
« L'intolérance n'est de droit que pour l'infaillibilité. »

Jules Renard
« Vive la liberté ! A bas l'intolérance. »

Jules Renard
« **Tolérez mon intolérance.** »

Voltaire
« **Si vous voulez qu'on tolère ici votre doctrine, commencez par n'être ni intolérants ni intolérables.** »

Gustave Le Bon
« **L'intolérance est la compagne nécessaire des convictions fortes.** »

Musset
« **Ce qu'on tolère devient intolérable ; incorrigible ce qu'on ne corrige pas.** »

Victor Cherbuliez
« **J'ai assez souffert de l'intolérance pour ne pas pratiquer la tolérance.** »

# CITATIONS FAVORABLES

Léon Bloy
« **Je suis pour l'intolérance parfaite et j'estime que qui n'est pas avec moi est contre moi.** »

# CITATIONS DÉFAVORABLES

Voltaire
« **L'intolérance ne produit que des hypocrites ou des rebelles.** »

Anatole France
« **Autant que l'intolérance religieuse, détestons l'intolérance politique et morale.** »

Tahar Ben Jelloun
« **L'ignorance et la peur sont ce qui suscite, provoque, fonde le racisme et l'intolérance.** »

Louis Dumur
« **L'intolérance a créé l'hypocrisie.** »

## Jalousie

*Peine et irritation éprouvées par le désir de possession de biens que d'autres détiennent*

**Notions proches :**

envie*
haine*
méchanceté
rivalité

CITATIONS EXPLICATIVES

Pierre Corneille
« La jalousie aveugle un cœur atteint, et, sans examiner, croit tout ce qu'elle craint. »

Molière
« La curiosité naît de la jalousie. »

Jean Amadou
« La jalousie est un ressort aussi puissant que l'ambition, dont elle est souvent le corollaire. »

Mofaddel Abderrahim
« La jalousie est une corvée pour le porteur et une jouissance pour le receveur. »

Eugène Cloutier
« L'indifférence est peut-être la forme la plus raffinée de la jalousie. »

Iris Murdoch
« La jalousie naît avec l'amour, mais ne meurt pas toujours avec lui. »

Taylor Bradford
« En jalousie, il y a plus d'amour-propre que d'amour. »

Boris Vian
« L'amour engendre la jalousie, qui en est la preuve. »

Carl Gustav Jung
"Le noyau de toute jalousie est un manque d'amour. »

Francesco Alberoni
« La jalousie est un bol où l'objet du vol est complice du voleur. »

Paul Brulat
« La jalousie de l'amour n'est qu'un sentiment exaspéré de la propriété. »

## CITATIONS FAVORABLES

Josiane Coeijmans
**« Je prends la jalousie des autres pour un compliment que je ne peux pas leur retourner. »**

Valeri Afanassiev
**« Vraie jalousie fait toujours croître l'amour. »**

Anne Barratin
**« La jalousie qui vient de l'amour peut s'excuser par sa fièvre. »**

## CITATIONS DÉFAVORABLES

Salim Boudiaf
**« Dès que la jalousie s'invite, l'amour s'effrite. »**

Paul Bourget
**« Un bonheur qui a passé par la jalousie est comme un joli visage qui a passé par la petite vérole. Il reste grêlé. »**

Cyril Guedj
**« La jalousie est un signe de médiocrité. »**

Eugène Cloutier
**« Tel est bien le malheur profond de la jalousie que de ne pouvoir s'exprimer sans attirer la haine ou le mépris. »**

Miguel de Cervantes
**« La jalousie est le tyran du royaume de l'amour. »**

Jean-Marc Rives
**« La médisance et la calomnie sont filles de la jalousie. »**

William Shakespeare
**« La jalousie est un monstre qui s'engendre lui-même et naît de ses propres entrailles. »**

Patricia Wentworth
**« La jalousie est une sentiment démoniaque ; elle conduit les hommes à ne plus savoir ce qu'ils font. »**

## Luxure

*Recherche déréglée des plaisirs sexuels*

Notions proches :

débauche
lascivité
licence
lubricité
stupre
turpitude

CITATIONS EXPLICATIVES

Montesquieu
« Il en est de la luxure comme de l'avarice : elle augmente sa soif par l'acquisition des trésors. »

John Cleland
« L'impatience est la marque distinctive de la luxure. »

Shakespeare
« L'amour n'est jamais écœuré ; la luxure meurt de gloutonnerie. »

Anonyme
« La luxure est le plus capiteux des péchés capitaux. »

Ian Watson
« C'est parce qu'on confond amour et luxure qu'on en est tous à ce point. »

Axel Oxenstiern
« La plus chère sœur de la luxure est la paresse. »

Jacques Vergès
« La luxure est une recherche qui n'exprime pas un trop-plein mais un vide. »

CITATIONS FAVORABLES

Paul Eluard
« Les yeux de la luxure ont des joies secrètes. »

Denis Grattepain
« **Beaucoup se perdent dans la luxure, moi j'ai choisi de m'y épanouir.** »

Octave Mirbeau
« **L'idée de la mort, la présence de la mort aux lits de luxure, est une terrible, une mystérieuse excitation à la volupté.** »

CITATIONS DÉFAVORABLES

Marquis de Sade
« **Il n'y a point de passion plus égoïste que celle de la luxure.** »

Shakespeare
« **L'amour, c'est le soleil après la pluie, et la luxure, c'est l'orage après le soleil.** »

Albert Samain
« **Luxure, fruit de mort à l'arbre de vie. Fruit défendu qui fait claquer les dents d'envie.** »

Shakespeare
« **L'amour est tout vérité ; la luxure est pleine de mensonges perfides.** »

Lanza del Vasto
« **La luxure est un amour qui consiste à ne vouloir aucun bien à la personne aimée.** »

## Maladresse

*Caractère, qualité de celui ou de ce qui est maladroit, qui manque d'adresse, d'habileté*

Notions proches :

bêtise
faute
gaucherie
immaturité
incapacité

CITATIONS EXPLICATIVES

Albert Brie
« Par maladresse, certaines personnes en viennent à mentir du fait que lorsqu'elles disaient la vérité on la mettait en doute. »

Marie-Sabine Roger
« Une maladresse qui vient du cœur se pardonne plus volontiers qu'un silence confortable. Elle s'oublie plus vite également. »

Jacques Salomé
« Cueillir la délicatesse avec amour et la maladresse avec humour. »

Anatole France
« Aucune maladresse n'est possible au défenseur d'une cause perdue. »

Katherine Pancol
« On est toujours maladroit avec les gens qu'on aime. »

Musset
« Tout s'excuse ici-bas, hormis la maladresse. »

Paul-Jean Toulet
« La vertu des femmes n'est souvent que la maladresse des hommes. »

Houang T'ing-Kien
« Trop rechercher fait tomber dans la maladresse. »

Péguy
« Le monde est plein d'honnêtes gens. On les reconnaît à ce qu'ils font les mauvais coups avec plus de maladresse. »

Erasme
« Comme il est d'une suprême sottise d'exprimer une vérité intempestive, il est de la dernière maladresse d'être sage à contretemps. »

CITATIONS FAVORABLES

Ken Follett
« La politesse parfaite va généralement à l'encontre de la sincérité, alors qu'une certaine maladresse a le mérite d'être spontanée. »

Alain
« **La maladresse est la loi de tout essai, dans n'importe quel genre.** »

Jules Renard
« **Mes bonheurs, je les ai presque toujours eus par maladresse.** »

Henri de Régnier
« **Le renom d'habileté vient souvent de maladresses dont a su tirer parti.** »

CITATIONS DÉFAVORABLES

Rousseau
« **La maladresse des louanges que j'ai voulu donner m'a fait plus de mal que l'âpreté de mes censures.** »

## Manipulation

*Manœuvre occulte ou suspecte consistant à fausser la réalité*
*Manœuvre par laquelle on influence à son insu un individu, une collectivité souvent par des moyens de pression tels que les mass media*

**Notions proches :**

intoxication
magouille
manœuvre
manip
truquage

CITATIONS EXPLICATIVES

Martin Winckler
« Toute relation comporte une certaine part de manipulation… On peut éviter la manipulation en passant à la coopération. Au partage. »

Jean Yanne
« **La manipulation des élites est encore plus facile que celle des masses.** »

François Raux
« **La séduction a toujours été une histoire de manipulation.** »

Gilbert Choulet
« **La maîtrise de soi permet d'écarter toute forme de manipulation mentale.** »

Jeanelle Deschamps
« **La manipulation est l'arme préférée du faible.** »

Monique Corriveau
« **Le sport est un aspect important de la manipulation des masses.** »

Peter Sellers
« **Les femmes sont plus difficiles à manipuler que les hommes. C'est dans leurs esprits.** »

Bruno Kreisky
« **Tout le monde manipule tout le monde et c'est ce qui rend la politique dangereuse et passionnante à la fois.** »

Muriel Barbery
« **La faculté que nous avons de nous manipuler nous-mêmes pour que ne vacille point le socle de nos croyances est un phénomène fascinant.** »

Anita Nair
« Il suffit de savoir qui a besoin de quoi pour manipuler les gens comme on veut. »

Paulo Coelho
« Personne ne peut manipuler personne. Dans une relation, les deux partenaires savent ce qu'ils font, même si plus tard l'un d'eux vient à se plaindre d'avoir été utilisé. »

CITATIONS FAVORABLES

CITATIONS DÈFAVORABLES

Fred Vargas
« **Qui dit crédulité dit manipulation et qui dit manipulation dit calamité.** »

Philippe Meyer
« **Quelle sorte de vie publique est celle où la communication c'est-à-dire la manipulation ou la propagande remplace la controverse ?** »

# Médiocrité

*Insuffisance d'une personne quant à la valeur, aux capacités, aux résultats ; manque d'élévation morale ou intellectuelle*

**Notions proches :**

bassesse
faiblesse
insignifiance
mesquinerie
platitude

CITATIONS EXPLICATIVES

Jiddu Krishnamurti
« **La conformité mène à la médiocrité.** »

Jules Renard
« **Un bon classique ne va pas sans un peu de médiocrité.** »

Joseph Joubert
« **Les grands esprits sont ceux qui déguisent leurs bornes, qui masquent leur médiocrité.** »

Paul Cézanne
« **Celui qui n'a pas le goût de l'absolu se contente d'une médiocrité tranquille.** »

Diderot
« **La sensibilité est la caractéristique de la bonté de l'âme et de la médiocrité du génie.** »

René-Jean Clot
« **C'est un signe de médiocrité de vouloir se souvenir de tout.** »

Abel Bonnard
« **La richesse illumine la médiocrité.** »

Chateaubriand
« **La médiocrité … exclut du pouvoir la capacité.** »

Colette
« **Il n'y a guère que dans la douleur qu'une femme soit capable de dépasser sa médiocrité.** »

Paulo Coelho
« **La peur de se tromper est la porte qui nous enferme dans le château de la médiocrité.** »

Jean de La Bruyère
« **Il y a certaines choses dont la médiocrité est insupportable : la poésie, la musique, la peinture, le discours public.** »

Vauvenargues
« **La modération des faibles est médiocrité.** »

Antoine-Auguste Preault
« **La médiocrité se blesse toujours en se frottant au génie.** »

## CITATIONS FAVORABLES

Jean Giono
« **Je n'ai jamais vu de bonheur qu'à des gens médiocres mais la médiocrité n'est pas à la portée de tout le monde.** »

## CITATIONS DEFAVORABLES

Alexandre Zinoviev
« **La maladie de notre temps, c'est la médiocrité.** »

Amélie Nothomb
« **Se délecter de la médiocrité d'autrui reste le comble de la médiocrité.** »

Balzac
« **La corruption est l'arme de la médiocrité qui abonde, et vous en sentirez partout la pointe.** »

Vauvenargues
« **C'est un grand signe de médiocrité de louer toujours modérément.** »

Adrien Destailleur
« **Dénigrer est preuve de médiocrité.** »

Jean de La Bruyère
« **L'une des marques de la médiocrité de l'esprit est de toujours conter.** »

## Négligence

*Attitude de celui qui fait les choses avec moins de soin, d'attention ou d'intérêt qu'il n'est nécessaire ou qu'il n'est souhaitable*
*Acte qui témoigne que son auteur a manqué du soin, de l'attention, de l'intérêt normalement attendus*

**Notions proches :**

Abandon
inattention
insouciance
laisser-aller
nonchalance
relâchement

CITATIONS EXPLICATIVES

Jean Rostand
« Le danger de la négligence, c'est de laisser voir pire qu'elle-même. »

Benjamin Franklin
« Une légère négligence produit parfois un grand mal. »

Thucydide
« Telle est la négligence que l'on apporte en général à rechercher la vérité, à laquelle on préfère les idées toutes faites. »

Théodore Roszak
« Vieillir est dû autant à la négligence de l'esprit qu'au déclin du corps. »

Jean Augustin Izoard
« Celui qui commet deux fois la même faute est coupable de négligence. »

Madeleine de Puisieux
« La négligence est la première marque du changement. »

Jacques Bainville
« L'injure du temps est moins redoutable que la brutalité, la maladresse et la négligence des hommes. »

George Sand
« La négligence du corps doit avoir dans celle de l'esprit quelque point de ressemblance dont les observateurs devraient toujours se méfier. »

Anne Barratin
« La négligence compte sur le temps comme l'imprudence sur le hasard. »

Goethe
**« Le grand secret de notre maladie oscille entre la précipitation et la négligence. »**

Montesquieu
**« Je n'ai pas été fâché de passer pour distrait ; cela m'a fait hasarder bien des négligences qui m'auraient embarrassé. »**

CITATIONS FAVORABLES

CITATIONS DÉFAVORABLES

Albus Bembledore
**« L'indifférence, la négligence, font parfois plus de dégâts que l'hostilité déclarée. »**

Proverbe français
**« Parfois petite négligence accouche d'un grand mal. »**

Félicité de Genlis
**« La négligence et la maladresse sont des défauts qui sont ruineux. »**

## Obstination

*Attachement tenace d'une personne à ses idées, à ses résolutions, à ses entreprises en dépit des difficultés qu'elle rencontre*
*Attachement excessif, irraisonné à une résolution, à une entreprise*

**Notions proches :**

acharnement
entêtement
fermeté
opiniâtreté
persévérance
ténacité

CITATIONS EXPLICATIVES

Augusta Amiel-Lapeyre
« **Les caprices non réprimés de l'enfant deviendront l'obstination du vieillard.** »

Aldous Huxley
« **L'obstination est contraire à la nature, contraire à la vie.** »

Jean Giraudoux
« **Si l'homme savait pousser l'obstination à son point extrême, lui aussi serait déjà dieu.** »

Laurence Sterne
« **Si la cause est bonne, c'est de la persévérance. Si la cause est mauvaise, c'est de l'obstination.** »

Shafique Keshavjee
« **Il faut distinguer la ténacité de l'obstination : savoir insister et persévérer au bon moment, savoir aussi se retirer et renoncer quand il le faut.** »

Henry de Montherlant
« **Toutes les femmes tournent avec obstination autour de ce qui doit les brûler.** »

Malcolm de Chazal
« **L'obstination est le parent pauvre de la volonté.** »

Adrien Decourcelle
« **La persévérance est la noblesse de l'obstination.** »

CITATIONS FAVORABLES

Charles Narrey
**« Obstination : ce que certaines gens appellent avoir du caractère. »**

Charlie Chaplin
**« L'obstination est le chemin de la réussite. »**

André Gide
**« Vertu première : la patience. Rien à voir avec la simple attente. Elle se confond plutôt avec l'obstination. »**

CITATIONS DÉFAVORABLES

Montaigne
**« L'obstination et ardeur d'opinion est la plus sûre preuve de bêtise : est-il rien certain, résolu, dédaigneux, contemplatif, grave, sérieux, comme l'âne ? »**

## Orgueil

*Présomption, estime exagérée, amour excessif de soi-même, qui fait que l'on est persuadé de sa propre excellence, que l'on se juge supérieur aux autres*

**Notions proches :**

arrogance\*
dédain
fierté
insolence
mépris\*
morgue
suffisance
vanité

CITATIONS EXPLICATIVES

William Shakespeare
« **Les orgueilleux ne laissent pas de gloire derrière eux.** »

Antoine Albalat
« **Rien n'est plus ridicule que l'orgueil.** »

Ovide
« **Dépouille tout orgueil si tu aspires à un amour durable.** »

Charles Dumercy
« **La certitude est un rêve de l'orgueil.** »

Alphonse Karr
« **La vanité est l'écume de l'orgueil.** »

Jules Renard
« **Sois modeste ! C'est le genre d'orgueil qui déplaît le moins.** »

Antoine Gombaud
« **L'orgueil ne réussit jamais mieux que quand il se couvre de modestie.** »

Eugène Labiche
« **L'ingratitude est une variété de l'orgueil.** »

André Gide
« **La hauteur de l'orgueil se mesure à la profondeur du mépris.** »

Grégoire Lacroix
« **Un orgueil démesuré est souvent le fruit de complexes obscurs qui se fertilisent entre eux.** »

Jane Austen
« L'orgueil relève de l'opinion que nous avons de nous-mêmes, la vanité, de ce que nous voudrions que l'on pensât de nous. »

CITATIONS FAVORABLES

Victor Hugo
**« L'orgueil a cela de bon qu'il préserve de l'envie. »**

Gustave Flaubert
**« On se sauve de tout par l'orgueil. »**

CITATIONS DÉFAVORABLES

Alfred de Musset
**« L'orgueil en colère est mauvais conseiller. »**

Eugène Marbeau
**« Faire la leçon aux autres n'est pas de la franchise, mais de l'orgueil. »**

## Paresse

*Propension à ne rien faire, répugnance au travail, à l'effort physique ou intellectuel, faiblesse de caractère qui porte à l'inaction, à l'oisiveté*
*Manque d'énergie en face d'une activité quelconque*

**Notions proches :**

apathie
fainéantise
indolence
inertie
mollesse
nonchalance
oisiveté

CITATIONS EXPLICATIVES

Jules Renard
« Le travail pense, la paresse songe. »

Rivarol
« Rien n'est plus fatigant que la paresse. »

Cioran
« La religion est une fatigante solution de paresse. »

Anne Frank
« La paresse peut paraître attrayante, mais le travail apporte la satisfaction. »

Salvador Dali
« Pas de chef-d'œuvre dans la paresse ! »

Vauvenargues
« Les paresseux ont toujours envie de faire quelque chose. »

Paul Éluard
« Le jour est paresseux mais la nuit est active. »

Madeleine Ferron
« La chance, c'est l'outil dont rêvent les paresseux ! »

Georges Bernard Shaw
« Certains lisent parce qu'ils sont trop paresseux pour réfléchir. »

Montherlant
« La paresse est le refus de faire ce qui vous ennuie. »

CITATIONS FAVORABLES

Sacha Guitry
« **La paresse des imbéciles est une bonne chose pour tout le monde.** »

Tristan Bernard
« **La paresse est utile à cause de l'effort qu'elle demande pour être surmontée.** »

CITATIONS DÈFAVORABLES

Benjamin Franklin
« **La paresse chemine si lentement que la pauvreté la rattrape.** »

Adrien Destailleur
« **La paresse est mère de l'esclavage.** »

Benjamin Franklin
« **La paresse rend tout difficile ; le travail rend tout aisé.** »

## Partialité

*Attitude d'une personne qui prend parti pour ou contre quelqu'un ou quelque chose, au mépris de l'équité ou de l'objectivité ; qui juge avec parti-pris*

**Notions proches :**

favoritisme
injustice*
népotisme
préjugé
préférence

CITATIONS EXPLICATIVES

Stanislas Leszcynski
« Si l'on pouvait se placer hors de soi-même, on jugerait de tout sans partialité. »

Ruy Barbosa de Oliveira
« Neutralité ne veut pas dire impassibilité, mais impartialité : or, il n'y a pas d'impartialité possible en présence du droit et de la justice violés par le crime. »

Gustave le Bon
« L'impartialité en politique est impossible parce que l'homme impartial aurait immédiatement contre lui tous les partis, y compris celui auquel il appartient. »

Confucius
« L'homme supérieur est celui qui a une bienveillance égale pour tous, et qui est sans égoïsme et sans partialité. »

Salluste
« C'est dans la plus grande fortune qu'on a le moins de liberté : elle interdit la partialité, la haine et surtout la colère. »

Diderot
« Songez que les ouvrages que nous feuilletons le moins, avec le plus de négligence et de partialité, ce sont ceux de nos collègues. »

Joseph Joubert
« L'impartialité naît d'une disposition à juger favorablement des hommes et des choses. »

Stanislaw Jerzy Lec
« Même les gens impartiaux ne sont pas impartiaux. Ils sont pour la justice. »

Anatole France
« Y a-t-il une histoire impartiale ? Comment un historien juge-t-il qu'un fait est notable ou non ? Il en juge arbitrairement. »

La Bruyère
**« Un homme partial est exposé à de petites mortifications. »**

CITATIONS FAVORABLES

Macha Méril
**« Notre cartésianisme rend-il heureux ? Comme en amour, la partialité absolue n'est-elle pas pourvoyeuse d'extase ? L'illusion n'est-elles pas plus douce que la raison ?**

CITATIONS DÉFAVORABLES

## Pessimisme

*Disposition d'esprit qui consiste à ne voir que le mauvais côté des choses, à trouver que tout va ou va aller mal*

### Notions proches :

alarmisme
catastrophisme
crainte
défaitisme
inquiétude
mélancolie

## CITATIONS EXPLICATIVES

Jean-Marie Guyau
**« Le germe du pessimisme est chez tout homme. »**

Elisabeth Badinter
**« Seule l'utopie du futur réconforte contre le pessimisme de l'Histoire. »**

Louis Dumur
**« Le pessimisme s'exprime plus encore par le rire que par les larmes. »**

Jacques Chardonne
**« L'optimisme est ridicule ; le pessimisme, non sens. »**

Antonio Gramsci
**« Je suis pessimiste par l'intelligence, mais optimisme par la volonté. »**

Jean Rostand
**« Je me sens très optimiste quant à l'avenir du pessimisme. »**

Alain
**« Le pessimisme est d'humeur ; l'optimisme est de volonté. Tout homme qui se laisse aller est triste. »**

Albert Samain
**« Quand vous devenez pessimiste, regardez une rose. »**

Anonyme
**« L'optimiste rit pour oublier ; le pessimiste oublie de rire. »**

Lewis Mumford
**« Les traditionalistes sont pessimistes pour l'avenir et optimistes pour le passé. »**

Oscar Wilde
« Le pessimiste est celui qui, entre deux maux, choisit les deux. »

Robert Beauvais
« Un pessimiste c'est un type qui a vécu trop longtemps avec des optimistes. »

Winston Churchill
« Un pessimiste voit la difficulté dans chaque opportunité, un optimiste voit l'opportunité dans chaque difficulté. »

Jean-Michel Guenassia
« Je préfère vivre en optimiste et me tromper, que vivre en pessimiste et avoir toujours raison. »

Maurice Chapelan
« Un pessimiste n'est jamais déçu. »

CITATIONS FAVORABLES

Éric-Emmanuel Schmitt
« Le pessimisme demeure le privilège de l'homme qui réfléchit. »

Guy Bedos
« L'avantage du pessimisme, c'est qu'on ne peut avoir que de bonnes surprises. »

CITATIONS DÉFAVORABLES

André Comte-Sponville
« Le pessimisme est une tristesse, qui finirait par nous décourager de vivre. »

Nietzsche
« Ce qui découle du pessimisme, c'est la doctrine de l'absurdité de l'existence. »

## Peur

*Etat affectif pouvant débuter par un choc émotif et de trouble physique qui accompagne la prise de conscience d'une menace ou d'un danger*
*État d'inquiétude devant la réalisation ressentie comme possible ou imminente de quelque chose*

### Notions proches :

alarme
crainte
effroi
épouvante
frayeur
frousse
inquiétude
terreur

CITATIONS EXPLICATIVES

Bertrand Russell
« La conquête de la peur est le début de la sagesse. »

Naguib Mahfouz
« La peur n'empêche pas la mort, elle empêche la vie. »

Marie Curie
« Dans la vie, rien n'est à craindre, tout est à comprendre. »

George Addair
« Tout ce que tu as toujours voulu est de l'autre côté de la peur. »

Dan Brown
« C'est la peur qui attire les gens vers la foi … »

Marcel Pagnol
« Quand on a peur de quelqu'un, on croit facilement le mal qu'on dit de lui. »

Nelson Mandela
« Le courage n'est pas l'absence de peur, mais la capacité de la vaincre. »

Boileau
« Souvent la peur d'un mal nous conduit dans un pire. »

Stendhal
« La peur n'est jamais dans le danger, elle est dans nous. »

## CITATIONS FAVORABLES

Fedor Dostoïevski
« **La peur de l'ennemi détruit jusqu'à la rancune à son égard.** »

Proverbe
« **Si on veut le bien, la peur peut être une grande opportunité de mieux se connaître.** »

## CITATIONS DÉFAVORABLES

Cardinal de Retz
« **De toutes les passions, la peur est celle qui affaiblit le plus le jugement.** »

Cioran
« **La peur est une mort de chaque instant.** »

Bree Despain
« **La peur conduit à la colère. La colère à la haine. La haine aux ténèbres.** »

Lucius C. Lactantius
« **Là où il y a la peur, il ne peut y avoir de sagesse.** »

## Racisme

*Attitude d'hostilité pouvant aller jusqu'à la violence et de mépris envers des individus appartenant à une race, à une ethnie différente généralement ressentie comme inférieure*

**Notions proches :**

discrimination
haine*
ségrégation
xénophobie

CITATIONS EXPLICATIVES

Rosa Parks
« Le racisme est toujours avec nous, mais c'est à nous de préparer nos enfants pour ce qu'ils doivent répondre. »

Germaine Tillion
« Le racisme est une peur devenue folle, et c'est ce qu'il faut éviter à tout prix si l'on veut que l'humanité survive. »

Tahar Ben Jelloun
« Apprendre à vivre ensemble, c'est cela lutter contre le racisme. »

Lilian Thuram
« Dire aux élèves que l'intelligence n'a pas de couleur, c'est éduquer contre le racisme.

Robert Sabatier
« Le racisme est une manière de déléguer à l'autre le dégoût qu'on a de soi-même. »

Steve Lambert
« Un raciste est un être malheureux qui jette sa souffrance sur un autre. »

Francis Blanche
« Je ne suis pas raciste, la preuve : je n'hésite pas à écrire noir sur blanc mes pensées. »

Jérôme Aubry
« Celui qui traite l'autre race mieux qu'il ne traite la sienne peut également être appelé raciste. »

Georges Bernanos
« Le tort du racisme n'est pas d'affirmer l'inégalité des races, … c'est de donner à cette inégalité un caractère absolu. »

Morgan Freeman
« Comment allons-nous nous débarrasser du racisme ? Arrêtons d'en parler !»

CITATIONS FAVORABLES


CITATIONS DÉFAVORABLES

Jean-Paul II
« Toute espèce de racisme conduit inévitablement à l'écrasement de l'homme. »

Abbé Pierre
« Quand on est raciste on se trompe de colère, on utilise les forces irascibles contre celui qui est différent de soi. »

Jacques Prévert
« Le racisme et la haine ne sont pas inscrits dans les péchés capitaux, ce sont pourtant Les pires. »

Robert Sabatier
« Le racisme engendre le racisme, comme la putréfaction le ver. »

## Rancune

*État affectif durable fait d'aigreur, de ressentiment, du désir de se venger lié au souvenir d'une offense, d'une frustration ou d'une injustice et, généralement, cristallisé sur une personne que l'on tient responsable de ces préjudices*

### Notions proches :

aigreur
amertume
animosité
haine*
rancœur
ressentiment

CITATIONS EXPLICATIVES

Jiang Zilong
« La rancune n'est que la preuve de la faiblesse. »

Confucius
« Qui se laisse guider par son seul profit s'attire haine et rancune. »

Jean Rostand
« Ne pas laisser à la rancune le soin de découvrir le vrai sur ce qu'on aime. »

Fiodor Dostoïevski
« La peur de l'ennemi détruit jusqu'à la rancune à son égard. »

Molière
« Allons donc, messieurs, mettez bas toute rancune, et faisons ici votre accommodement. »

Cioran
« Dissimuler ses rancunes, c'est là tout le secret de l'homme comme il faut. »

Eric-Emmanuel Schmitt
« Difficile pour le pauvre de n'éprouver aucune rancune. »

Fritz Peris
« La rancune, comme la vengeance, est un bon exemple de situation inachevée. »

Charlotte Corday
« Dans l'oubli du passé, noyons notre rancune. »

Henri-Frédéric Amiel
« Un badinage sans fiel peut provoquer des rancunes sans fin. »

Victor Hugo
« La rancune est une dépense improductive. »

Vladimir Jankélévitch
« **La rancune fait souvent du mariage amoureux un mariage malheureux.** »

Albert Samain
« **Le reproche est bavard ; la rancune égoïste.** »

Anatole France
« **On ne peut tenir rancune à un rival courageux !** »

CITATIONS FAVORABLES

CITATIONS DÉFAVORABLES

Fritz Peris
« **La rancune est une sorte de morsure qui s'accroche.** »

Robert Mallet
« **Le vrai rancunier est celui qui ne pardonne jamais le mal qu'il a fait.** »

## Suffisance

*Fait de constituer à soi seul le facteur déterminant pour que soit obtenu l'effet que l'on constate ou le résultat que l'on attend*
*Fait de donner par son excès de l'aversion à quelqu'un*

Notions proches :

Arrogance
fierté
orgueil*
prétention
superbe
vanité

CITATIONS EXPLICATIVES

Epicure
« Le fruit le plus grand de la suffisance à soi-même : la liberté. »

Lord Byron
« Je n'envie à personne la certitude d'une sagesse pleine de suffisance. »

Anne Barratin
« La suffisance semble engraisser son homme. »

Denys Caton
« Fuis cette vaine suffisance qui ne veut pas d'autrui recevoir les leçons. »

Romain Guilleaumes
« Nier Dieu et croire en l'Homme, c'est le sacre de l'arrogance et de la suffisance. »

William Blake
« Celui-là seul connaît la suffisance, qui d'abord connut l'excès. »

Hippolyte Taine
« C'est le propre du comique d'étaler aux yeux l'insuffisance humaine. »

Montaigne
« Savoir par cœur n'est pas savoir ; c'est tenir ce qu'on a donné en garde à sa mémoire ... Fâcheuse suffisance, qu'une suffisance pure livresque. »

Paul Valéry
« Ainsi tout le domaine de l'ineffable, ce trop-plein ou au contraire, ce trop vide, cette anhélation est insuffisance. »

Gérard de Rohan-Chabot
« La suffisance est une façon pour certains d'accabler les autres de leur infériorité. »

Louis de Bonald
**« La suffisance n'exclut pas le talent, mais elle le compromet. »**

CITATIONS FAVORABLES

CITATIONS DÉFAVORABLES

Charles Regismanset
**« Suffisance provient presque toujours d'insuffisance. »**

Philippe Bouvard
**« Le comble de la suffisance intellectuelle est de croire qu'on peut apprendre quelque chose en s'écoutant monologuer. »**

Diane de Beausacq
**« La suffisance est un vernis qui fait merveilleusement reluire la bêtise. »**

Fiodor Dostoïevski
**« Oh ! les gens contents d'eux ! avec quelle vaniteuse suffisance ces bavards sont prêts à prononcer leurs sentences ! »**

## Superficialité

*État de ce qui n'est qu'apparent, qui n'est ni profond ni essentiel*

Notions proches :

frivolité
futilité
légèreté
puérilité

CITATIONS EXPLICATIVES

Karl Kraus
« Rien n'est plus insondable que la superficialité de la femme. »

Emil Cioran
« Un homme superficiel est quelqu'un qui a donné libre cours à ses impulsions. On ne s'approfondit qu'en les contrecarrant. »

Emil Cioran
« Celui à qui tout réussit est nécessairement superficiel. L'échec est la version moderne du néant. »

Virginia Woolf
« C'est écrire qui est le véritable plaisir ; être lu n'est qu'un plaisir superficiel. »

Oscar Wilde
« Il faut être bien superficiel pour refuser de juger d'après les apparences. »

Marc Levy
« Mieux vaut une amitié sincère que des camaraderies superficielles. »

Sainte-Beuve
« Dans l'âge mûr, on arrive naturellement à être moins superficiel, mais en même temps il devient plus difficile d'être léger. »

Paulo Coelho
« L'élégance n'est pas une chose superficielle, mais le moyen qu'a trouvé l'homme pour honorer la vie et le travail. »

Oscar Wilde
« Les gens vraiment superficiels sont ceux qui aiment une seule fois dans leur vie. »

Arthur Koestler
« Un sentiment peut être superficiel, il ne sera jamais menteur. »

CITATIONS FAVORABLES


CITATIONS DÉFAVORABLES

Oscar Wilde
« Le vice suprême est d'être superficiel. »

Charles Dollfus
« Tout indiscret est superficiel et vulgaire. »

Antonio Porchia
« Quand le superficiel me fatigue, il me fatigue tant que pour me reposer, j'ai besoin d'un abîme. »

## Tyrannie

*Pouvoir arbitraire et absolu d'un souverain, d'une ou plusieurs personnes ayant l'autorité suprême, caractérisé par un gouvernement d'oppression, d'injustice et de terreur Comportement autoritaire, injuste et violent d'une ou de plusieurs personnes dans le domaine des relations personnelles, professionnelles, sociales, …*

**Notions proches :**

absolutisme
despotisme*
dictature
domination
oppression
totalitarisme

CITATIONS EXPLICATIVES

Publius Syrus
« **La pire tyrannie est celle de l'habitude.** »

Thomas Jefferson
« **Se révolter contre la tyrannie, c'est obéir à Dieu.** »

Constance Debré
« **L'obligation au bonheur est totalitaire, et c'est la tyrannie de l'époque.** »

Eschyle
« **C'est sans doute un mal inhérent à la tyrannie, de n'avoir pas confiance en ses amis.** »

Blaise Pascal
« **La force sans la justice est tyrannique.** »

Vittorio Alfieri
« **De la peur de tous naît, sous la tyrannie, la lâcheté de presque tous.** »

Stendhal
« **La tyrannie de l'opinion, et quelle opinion ! est aussi bête dans les petites villes de France qu'aux États-Unis d'Amérique.** »

Racine
« **Toujours la tyrannie a d'heureuses prémices.** »

Proust
« **La jalousie n'est souvent qu'un inquiet besoin de tyrannie appliqué aux choses de l'amour.** »

Louis Philippe, comte de Ségur
« **Quand l'histoire encense la vanité des despotes, elle est complice de la tyrannie.** »

Moses Isegawa
« **Toute autorité contient les germes de la tyrannie.** »

Napoléon Bonaparte
« **La plus insupportable des tyrannies est la tyrannie des subalternes.** »

René Dubos
« **Une société qui accepte la tyrannie de l'expert est une société malade.** »

Émile Zola
« **L'égoïsme des classes est un des soutiens les plus fermes de la tyrannie.** »

Charles Maurras
« **La subordination n'est pas la servitude, pas plus que l'autorité n'est la tyrannie.** »

Jean-Napoléon Vernier
« **Deux tyrannies se partagent le monde : la mode et l'opinion.** »

Émile Faguet
« **La barbarie légèrement adoucie est ce qu'on appelle civilisation.** »

Gustave le Bon
« **Les hommes en société ne pouvant vivre sans tyrannie, la plus acceptable est encore celle des lois.** »

CITATIONS FAVORABLES


CITATIONS DÉFAVORABLES

William Pitt
« **Où finit la loi, commence la tyrannie.** »

Montesquieu
« **Il n'y a point de plus cruelle tyrannie que celle que l'on exerce à l'ombre des lois et avec les couleurs de la justice.** »

Fiodor Dostoïevski
« **La tyrannie est une habitude malsaine qui se développe progressivement et dégénère en maladie.** »

Edmund Burke
« **De mauvaises lois sont la pire sorte de tyrannie.** »

## Vengeance

*Action par laquelle une personne offensée, outragée ou lésée, inflige en retour et par ressentiment un mal à l'offenseur afin de le punir ; résultat de cette action*
*Penchant irrésistible, désir passionné de rendre le mal pour le mal, de punir une offense ou un outrage*

### Notions proches :

châtiment
punition
représailles
rétorsion
revanche
talion

CITATIONS EXPLICATIVES

Henri Frédéric Amiel
« Le pardon vaut mieux que la vengeance. »

Montesquieu
« Je trouve que l'espoir de la vengeance flatte plus que la vengeance même. »

Donato Carrisi
« Quand la justice n'est plus possible, il ne reste qu'un choix : pardon ou vengeance. »

Olivier Norek
« La justice n'est qu'une demande de vengeance. »

Spinoza
« Les hommes sont beaucoup plus prêts à la vengeance qu'à rendre un bienfait. »

Paul-Jean Toulet
« Le pardon n'est parfois qu'une figure de la vengeance. »

Francis Bacon
« La vengeance est une sorte de justice sauvage et barbare. »

François Mauriac
« La vengeance déguisée en justice, c'est notre plus affreuse grimace. »

Jorge Luis Borges
« L'oubli est la seule vengeance et le seul pardon. »

Pierre-Claude-Victor Boiste
« Proportionnez les punitions aux délits, sinon elles seront des vengeances. »

Nicolas Massias
**« La justice est la vengeance de l'homme social, comme la vengeance est la justice de l'homme sauvage. »**

La marquise de Lambert
**« La seule vengeance délicate et permise est de faire du bien à ceux qui nous offensent. »**

Henri IV
**« La satisfaction qu'on tire de la vengeance ne dure qu'un moment : celle que nous donne la clémence est éternelle. »**

Francis Bacon
**« Celui qui s'applique à la vengeance garde fraîches ses blessures. »**

Francis Bacon
**« Tout homme qui médite une vengeance ne fait que rouvrir sa plaie. »**

François Ponsard
**« Le crime a semé la vengeance après soi. »**

Julie de Lespinasse
**« Plus la vengeance est facile, moins on prend de plaisir en se vengeant. »**

Henry de Montherlant
**« Une vengeance trop prompte n'est plus une vengeance, c'est une riposte. »**

Anne Thérèse de Marguenat de Courcelles
**« La plus belle des vengeances est le mépris absolu. »**

## CITATIONS FAVORABLES

Alexandre Dumas
**« Toute vengeance est permise du moment où elle atteint le coupable. »**

Homère
**« La vengeance est plus douce que le miel. »**

## CITATIONS DÉFAVORABLES

Roger Jon Ellory
**« Si tu cherches la vengeance, creuse deux tombes… une pour ta victime et une pour toi. »**

Jean-François Marmontel
**« La vengeance est insensée ; au malheur elle joint le crime, et ne soulage que les méchants. »**

## Violence

*Force exercée par une personne ou un groupe de personnes pour soumettre, contraindre quelqu'un ou pour obtenir quelque chose*
*Ensemble d'actes, d'attitudes qui manifestent l'hostilité, l'agressivité entre des individus*

**Notions proches :**

ardeur
brutalité
emportement
fureur
véhémence

CITATIONS EXPLICATIVES

Marek Halter
« **La violence commence où la parole s'arrête.** »

Gilles Vigneault
« **La violence, c'est un manque de vocabulaire.** »

Michel de Montaigne
« **Il n'y a pas une idée qui vaille qu'on tue un homme.** »

Paul Valéry
« **La faiblesse de la force est de ne croire qu'à la force.** »

Tolstoï
« **Ce n'est pas la violence, mais le bien qui supprime le mal.** »

La Fontaine
« **Plus fait douceur que violence.** »

Hypolite de Livry
« **On perd son droit et sa force en employant la violence.** »

Isaac Asimov
« **La violence est le dernier refuge de l'incompétence.** »

Léonard de Vinci
« **La force naît par violence et meurt par liberté.** »

Gandhi
« **La non-violence est l'arme des forts.** »

Philippe Meirieu
« **Quand le langage régresse, la violence progresse.** »

Victor Hugo
« **Toutes les violences ont un lendemain.** »

Léon Tolstoï
« **La vérité doit s'imposer sans violence.** »

Vladimir Jankélévitch
« **La violence, une force faible.** »

CITATIONS FAVORABLES

Pierre Corneille
« **La violence est juste où la douceur est vaine.** »

CITATIONS DÉFAVORABLES

Jean-Paul Sartre
« **La violence est injuste d'où qu'elle vienne.** »

Jean-Paul II
« **La violence nourrit les guerres et affame les peuples.** »

Eschyle
« **La violence engendre la violence.** »

## B  MODES DU DISCOURS

Dans un débat, les adversaires vont bien sûr avancer leurs idées et leurs opinions, mais ils doivent prêter une attention particulière à la façon dont ils procèdent et adopter les modes du discours appropriés à chaque situation.

Le ton de la voix, la gestuelle, les mouvements corporels, la prise en considération de l'audience, tout cela revêt une importance aussi grande que la validité des arguments avancés.

Une des tactiques favorites, surtout lorsqu'on se sent en difficulté, est de rire et surtout de faire rire. En détendant l'atmosphère, on accumule un capital de sympathie auprès de l'audience, on permet de faire une pause dans des moments de tension extrême et on facilite une reprise du débat sur des bases plus agréables.

Cependant le fin du fin est de faire rire aux dépens de son adversaire. Pour cela, il existe un grand nombre de moyens. Ceux-ci sont regroupés en trois différents modes :

- le mode plaisant : l'esprit, l'humour, le burlesque.

- Le mode grinçant : la moquerie, la risée, la dérision, la raillerie, le grotesque, la farce.

- Le mode offensant : la gouaillerie, la satire, le sarcasme, le persiflage, l'ironie, la médisance, le mensonge, l'hypocrisie, la calomnie.

Comme on le voit, ces notions sont listées selon un ordre progressant du plus subtil vers le plus grossier et jusqu'au plus ignoble. Cette hiérarchie a son importance, car il est difficile d'user indifféremment de l'une ou l'autre de ces notions : essayer de faire de l'esprit fin après avoir traîné son adversaire dans la farce risque fort de manquer son but. Ce n'est pas pour rien que Schopenhauer, dans son *Art de toujours avoir raison*, a gardé pour le dernier chapitre de son livre l'argumentum ad personam, c'est-à-dire les attaques déloyales, car elles sont bien de la toute dernière extrémité.

Prenons quelques exemples :

Votre adversaire vient de vous salir en utilisant l'ironie. Vous pouvez soit tenter de démentir ce qu'il a dit – ce qui sera difficile car, par l'ironie, il dit le contraire de ce qu'il pense – soit vous entrez dans son jeu en utilisant à votre tour l'ironie, non pas pour en faire à votre tour – ce qui serait aussi une option – mais pour lourdement critiquer ce procédé, avec une citation du genre : *« L'ironie ... est une forme de lâcheté qui se donne pour subtile. »* (Eric Chevillard).

Soudain, on vient de retourner l'argument de l'adversaire contre lui en détruisant son recours à ce procédé. On vient d'utiliser une citation définition qui risque d'obliger l'adversaire à se mettre sur la défensive.

Outre l'option de réagir négativement en tentant de démentir les allusions ou accusations ironiques, ce qui est la moins bonne des solutions, on peut à son tour attaquer ironiquement.

Si l'adversaire est désarçonné par l'attaque, s'il est surpris, s'il perd ses moyens ou s'il devient agressif, on peut alors lui lancer : « *Ceux qui aiment leur propre ironie goûtent beaucoup moins celle des autres.* » (Victor Cherbuliez)

En utilisant cette citation toute en nuances, non seulement on met en évidence l'arme de l'ironie dont il voulait se servir mais, de plus, on lui fait sentir à son tour la morsure de ce procédé.

On le voit, différentes options existent pour sortir de ces situations. C'est pourquoi nous avons choisi, dans cette partie du livre comme dans la précédente sur les vices humains, de séparer chaque fois que c'est possible les citations d'un même thème en trois parties distinctes :

- Citations explicatives
- Citations favorables
- Citations défavorables

En effet, il est bon de pouvoir avoir recours à ces trois aspects des thèmes concernés ici car l'évolution du débat peut nous amener tour à tour à manier certains de ces thèmes en les utilisant sous l'un ou l'autre de ces aspects.

## Agressivité

*Caractère de celui qui vise à nuire à autrui, à le détruire, le contraindre, l'humilier, etc.*

**Notions proches**

aigreur
agression
colère*
hargne
malveillance
provocation
violence*

CITATIONS EXPLICATIVES

Jacques Lacan
« Le dialogue paraît en lui-même constituer une renonciation à l'agressivité. »

Bernard Giraudeau
« Finalement, l'agressivité, ça s'éjacule. »

Ferdinand Bac
« La forme la plus déplaisante de la peur se traduit par l'agressivité. »

Konrad Lorenz
« L'agressivité, … l'instinct de combat de l'animal et de l'homme, dirigé contre son propre congénère. »

Sigmund Freud
« …l'obstacle le plus grand rencontré par la civilisation, à savoir l'agressivité constitutionnelle de l'être humain contre autrui. »

Jean Delay
« L'agressivité qui ne peut trouver d'issue à l'extérieur … se retourne contre le sujet lui-même et engendre un désir d'autopunition. »

CITATIONS FAVORABLES

Daniel Desbiens
« L'agressivité bien dirigée est le meilleur allié qui soit. »

Jacques Poulain
« L'agressivité est un sentiment naturel. »

Yann Moix
« L'agressivité, c'est une nature. La violence, c'est un art. »

Ferdinand-Sigismond Bach
« **La forme la plus déplaisante de la peur se traduit par l'agressivité.** »

CITATIONS DÉFAVORABLES

Gilles Archambault
« **Mieux vaut l'absence que l'agressivité.** »

Christian Jacq
« **L'ironie n'est pas moins mordante que l'agressivité.** »

Réjean Ducharme
« **L'homme est seul et son agressivité vient de cette solitude.** »

## Arrogance

*Comportement fait de mépris et d'insolence, le plus souvent affectés*

### Notions proches :

dédain
fatuité
fierté
hardiesse
impertinence
mépris*
orgueil*
outrecuidance
prétention
superbe

CITATIONS EXPLICATIVES

Simon de Bignicourt
« L'arrogance est le courage des faibles et l'esprit des imbéciles. »

Diane de Beausacq
« L'arrogance n'est autre qu'une insuffisance d'intelligence, elle est incorrigible. »

Victor Hugo
« L'arrogance froissée est tout de suite colère. »

Vauvenargues
« Ce qui est arrogance dans les faibles est élévation dans les forts. »


CITATIONS FAVORABLES

Umar Timol
« L'arrogance est un moindre malheur que le complexe d'infériorité. »

Marie Claire Blais
« La timidité est le défaut des petits hommes et l'arrogance, la vertu des grands. »


CITATIONS DÉFAVORABLES

Pierre Claude Victor Boiste
« Le manteau de l'arrogance ne couvre qu'un squelette. »

Confucius
« La prodigalité conduit à l'arrogance, et la parcimonie à l'avarice. »

Emile Bergerat
« Nul pédagogue ne se dépouille de l'arrogance sotte du savoir. »

Paulo Coelho
« L'arrogance attire la haine et l'envie. L'élégance éveille le respect et l'Amour. »

Ken Follett
« L'arrogance est le défaut des bons chefs. »

Jacques Sternberg
« Ignorance et arrogance ne riment pas seulement, ils vont souvent de pair. »

Sun Tzu
« Il faut feindre la faiblesse, afin que l'ennemi se perde dans l'arrogance. »

Danièle et Stefan Satrenkyi
« L'arrogance précède la ruine, l'orgueil précède la chute. »

Albert Einstein
« La seule chose plus dangereuse que l'ignorance est l'arrogance. »

## Calomnie

*Accusation mensongère portée sciemment contre quelqu'un pour jeter sur lui le discrédit*

**Notions proches :**

accusation
délation
dénigrement
dénonciation
insinuation
méchanceté
médisance*
mensonge*
perfidie

CITATIONS EXPLICATIVES

Proverbe français
« **La calomnie s'arme du vraisemblable.** »

Cécile Brucy, dite Cécile Fée
« **Il entre toujours un peu de calomnie dans la médisance.** »

Malesherbes
« **Celui dont la calomnie n'attaque que les discours est bien innocent dans ses actions.** »

Jean Cocteau
« **La calomnie est un propos en l'air qui aura pris du poids en retombant dans une oreille malveillante.** »

Thomas Paine
« **La calomnie est un vice curieux : tenter de le tuer le fait vivre, le laisser tranquille le fait périr de mort naturelle.** »

CITATIONS FAVORABLES

Charles Péguy
« **La calomnie est en politique moins gênante que la manifestation de la vérité.** »

Alphonse Allais
« **La calomnie, ce n'est pas mauvais … contre l'hypocrisie.** »

## CITATIONS DÉFAVORABLES

Françoise d'Aubigné, marquise de Maintenon
« **On ne triomphe de la calomnie qu'en la dédaignant.** »

Shakespeare
« **Il n'est pas de vertu que la calomnie ne sache atteindre.** »

Francis Bacon
« **Va ! Calomnie hardiment, il en reste toujours quelque chose.** »

Nietzsche
« **Le criminel n'est souvent pas à la hauteur de son acte : il le rapetisse et le calomnie.** »

Voltaire
« **Il n'est pas mal de couper une tête de l'hydre de la calomnie dès qu'on en trouve une qui remue.** »

Shakespeare
« **La vertu même n'échappe pas aux coups de la calomnie.** »

Jean Rostand
« **Une hypothèse, comme une calomnie, est d'autant plus dangereuse qu'elle est plus plausible.** »

## Grossièreté

*Caractère de ce qui est contraire à la bienséance ou à la décence*
*Attitude, comportement, propos inconvenant ou manquant de délicatesse*

**Notions proches :**

effronterie
impertinence
impolitesse
impudence
indécence
injure
insolence
obscénité
vulgarité

CITATIONS EXPLICATIVES

Proverbe oriental
« La grossièreté et l'incivilité engendrent la discorde, même entre les parents. »

Claude Mac Kay
« La grossièreté n'est qu'une plaie coûteuse de la civilisation. »

Coluche
« La grossièreté vise à choquer ceux qui n'en rient pas pour faire rire deux fois plus les autres. »

Chauvot de Beauchêne
« L'amour se rompt par des erreurs grossières, l'amitié se perd par des mensonges. »

Pierre Claude Victor Boiste
« Le tempérament influe tellement sur l'esprit que sa délicatesse l'affine, sa grossièreté l'épaissit. »

CITATIONS FAVORABLES

Coluche
« La méchanceté et la grossièreté sont les armes de la simplicité. »

CITATIONS DÉFAVORABLES

Charles Régismanset
« L'extrême franchise n'est bien souvent que grossièreté. »

John Petit-Senn
« **Vouloir dominer les autres par un ton grossier, c'est croire s'élever en chaussant des sabots.** »

André Maurois
« **La grossièreté est l'esprit des sots et la contradiction leur finesse.** »

Constance de Théis
« **L'homme qui se fâche trop facilement est un être grossier et déraisonnable qu'il faut éviter, mais il faut craindre celui qui se fâche trop difficilement** »

Edme de la Taille de Gaubertin
« **Un sot est trop grossier pour ne pas vouloir être fin.** »

Jean-Baptiste Blanchard
« **Qui fréquente les gens grossiers, sans politesse, il y a toujours beaucoup à perdre!** »

## Humour

*Forme d'esprit railleuse qui attire l'attention, avec détachement sur les aspects plaisants ou insolites de la réalité*

**Notions proches**

dérision
esprit
gaieté
ironie*
plaisanterie
raillerie

CITATIONS EXPLICATIVES

David Katan
« L'humour est une idiotie intelligence. »

Coleridge
« L'essence de l'humour est la sensibilité. »

Daninos
« L'humour est une plante gaie arrosée de tristesse. »

Louis Scutenaire
« L'humour est une façon de se tirer d'embarras sans se tirer d'affaire. »

Jérôme Touzalin
« L'humour, c'est l'euphorisant de la souffrance. »

Mel Brooks
« L'humour n'est qu'un des moyens de se défendre contre l'univers. »

Jean-Louis Bory
« L'humour est une façon de remettre en question les choses qu'on considère comme intouchables. »

William Rotsler
« Un individu dépourvu du sens de l'humour est à la merci de tous les autres. »

Raphaël Enthoven
« L'humour n'a pas de but, l'ironie a toujours une idée derrière la tête. »

CITATIONS FAVORABLES

Charlie Chaplin
« L'humour renforce notre instinct de survie et sauvegarde notre santé d'esprit. »

Désirée Szucsany
« Tous les moyens sont bons mais l'humour a quelque chose de plus : il est corrosif. »

**Robert Desnos**
« L'humour n'est possible qu'à la faveur d'une liberté d'esprit presque absolue. »

Grégoire Lacroix
« Il y a des pays où le sens de l'humour est un sens interdit. »

Grégoire Lacroix
« L'humour est ce qui évite à la lucidité de sombrer dans l'amertume. »

Kundera
« L'humour, c'est la pilule qui fait tout avaler. »

André Compte-Sponville
« L'ironie blesse, l'humour guérit
L'ironie peut tuer, l'humour aide à vivre
L'ironie veut dominer, l'humour libère
L'ironie est impitoyable, l'humour est miséricordieux
L'ironie est humiliante, l'humour est humble. »

CITATIONS DÉFAVORABLES

Jaques Sternberg
« L'humour, que l'on dit la politesse du désespoir, est également la pollution de l'espoir. »

Alain de Botton
« Le problème avec le sens de l'humour, c'est la facilité avec laquelle chacun prétend en être pourvu. »

Wyndham Lewis
« L'humour est un phénomène produit par une précipitation soudaine de la culture dans la barbarie. »

Georges Henein
« L'humour est à l'être humain ce que la vivisection est aux animaux. Il taille à même les chairs et dans la profondeur des tissus.

Pierre Daninos
« Je serais assez porté à croire que l'humour est, inconsciemment, une façon d'échapper à la réflexion métaphysique. »

## Hypocrisie

*Caractère d'une personne qui dissimule sa véritable personnalité et affecte, le plus souvent par intérêt, des opinions, des sentiments ou des qualités qu'elle ne possède pas.*

**Notions proches :**

Dissimulation
duplicité
félonie
fourberie
simulation
sournoiserie
tromperie

CITATIONS EXPLICATIVES

Paul Léautaud
« L'hypocrisie : Compliments par-devant, dénigrement par-derrière. »

Molière
« L'hypocrisie est un vice privilégié, qui jouit en repos d'une impunité souveraine. »

Musset
« Tout est nu sur la terre, hormis l'hypocrisie. »

Jean Dutourd
« L'imbécile vit dans l'hypocrisie comme le poisson dans la mer. »

Henri-Frédéric Amiel
« Les hypocrites se gardent bien d'ôter leur masque, et d'attaquer en face. »

Nicolas Massias
« La flatterie est le grand art des plus grands hypocrites. »

Antoine de Rivarol
« Il n'est pas de sentiment qui ait fait plus d'hypocrites que l'amitié. »

William de Britaine
« Quiconque veut paraître autre qu'il n'est est un hypocrite. »

CITATIONS FAVORABLES

Gustave le Bon
« Le monde deviendrait vite un enfer si l'hypocrisie en était bannie. »

Charles Dumercy
**« La conciliation est l'hypocrisie de la justice. »**

Hervé Bazin
**« L'honorabilité n'est que la réussite sociale de l'hypocrisie. »**

La Rochefoucauld
**« L'hypocrisie est un hommage que le vice rend à la vertu. »**

Bernard Werber
**« L'hypocrisie fait les amis, la franchise engendre la haine. »**

## CITATIONS DÉFAVORABLES

Antoine Gombaud
**« L'hypocrisie et le mensonge sont les armes du traître. »**

Michael Girardi
**« La dissimulation est le premier pas vers l'hypocrisie. »**

Voltaire
**« L'hypocrisie est le masque de la vertu, c'est l'affectation de la piété qu'on n'a pas. »**

André Grétry
**« L'hypocrite vous caresse en votre présence, et vous déchire davantage en votre absence. »**

Adolphe d'Houdetot
**« Les hypocrites changent souvent de peau comme le serpent. »**

Nicolas Malebranche
**« Les hypocrites sont les plus redoutables ennemis, il en faut peu pour faire beaucoup de mal.»**

## Ironie

*Moquerie sarcastique qui utilise un ton ou une attitude qui montre le contraire de ce qu'on veut faire comprendre*

**Notions proches :**

dérision
humour*
moquerie
plaisanterie
raillerie
sarcasme*

CITATIONS EXPLICATIVES

A. Berthet
« **L'ironie est la bravoure des faibles et la lâcheté des forts.** »

Victor Cherbuliez
« **Le pli de l'ironie une fois contracté ne s'efface plus.** »

Rainer Maria Rilke
« **Cherchez la profondeur des choses : l'ironie ne descend jamais jusque-là.** »

Raphaël Enthoven
« **L'humour n'a pas de but, l'ironie a toujours une idée derrière la tête.** »

CITATIONS FAVORABLES

Jules Renard
« **L'ironie est un élément du bonheur.** »

Jules Renard
« **L'ironie ne dessèche pas : elle brûle les mauvaises herbes.** »

Remy de Goncourt
« **L'ironie est une clairvoyance.** »

Romain Gary
« **L'ironie est toujours une bonne garantie d'hygiène mentale.** »

Octave Mirbeau
« **Cet admirable antiseptique, l'ironie.** »

Alphonse de Chateaubriant
« **Le Français a l'ironie, et c'est ce qui lui donne son piquant.** »

Alfred Capus
« L'ironie est une des formes de la sincérité. »

Maximo Park
« L'ironie, c'est la vie. »

Jules Renard
« L'ironie est un élément du bonheur. »

Anatole France
« L'ironie, c'est la gaieté et la joie de la sagesse. »

Anatole France
« Sans l'ironie, le monde serait comme une forêt sans oiseaux. »

Maurice Barrès
« Le sens de l'ironie est une forte garantie de liberté. »

CITATIONS DÉFAVORABLES

Denis Parent
« Trop d'ironie tue la vie. »

E. P. Whipple
« L'ironie est une insulte déguisée en compliment. »

Francine Noël
« L'embêtant avec l'ironie, c'est que les gens ne saisissent pas toujours. »

Victor Cherbuliez
« L'ironie pique au vif, le dépit mord au cœur. »

Anne Barratin
« L'ironie n'est pas franche, et c'est son moindre défaut. »

Victor Cherbuliez
« Ceux qui aiment leur propre ironie goûtent beaucoup moins celle des autres. »

Bruno Roy
« L'inconscience est une protection contre l'ironie. »

André Compte-Sponville
« L'ironie blesse, l'humour guérit
L'ironie peut tuer, l'humour aide à vivre
L'ironie veut dominer, l'humour libère
L'ironie est impitoyable, l'humour est miséricordieux. »

## Médisance

*Acte de dire du mal, des propos malveillants qui sont fondés ou que l'on croit fondés*

**Notions proches :**

potin
cancan
commérage
dénigrement
diffamation
ragot

CITATIONS EXPLICATIVES

Pierre-Claude-Victor Boiste
« L'encre de la médisance est indélébile. »

Félicité de Genlis
« La médisance est le vice de ceux qui n'ont ni un bon esprit, ni un bon cœur. »

Sosthène de La Rochefoucauld-Doudeauville
« La calomnie passe, la médisance reste. »

Jean-Baptiste Blanchard
« Le plus sûr moyen de faire taire la médisance est de ne pas l'écouter. »

Axel Oxenstiern
« La médisance et la calomnie nuisent même à ceux qui les écoutent. »

Jean Baptiste Blanchard
« Sans la médisance combien de personnes n'auraient rien à dire ! »

Joseph Joubert
« La médisance est la fille de la jalousie. »

Simon de Bignicourt
« L'habitude de la médisance est la manie de ceux qui ont peu d'idées. »

Proverbe français
« La haine se console avec la médisance. »

Joseph Joubert
« La médisance est le soulagement de la malignité. »

CITATIONS FAVORABLES

CITATIONS DÉFAVORABLES

Victor Hugo
« Une médisance anonyme est peut-être plus honteuse qu'une calomnie signée. »

Louis Bourdaloue
« La médisance porte un caractère de lâcheté dont on ne peut effacer l'opprobre. »

Rodolphe Töpffer
« Le scandale et la médisance n'épargnent pas les intentions les plus pures et les procédés les plus honnêtes. »

Molière
« Contre la médisance, il n'est point de rempart. »

Pierre-Claude-Victor Boiste
« La médisance et la calomnie sont le fort des traîtres. »

Pierre-Claude-Victor Boiste
« Ceux qui redoutent la vérité lui opposent la médisance ou la flatterie. »

Simon de Bignicourt
« La médisance est un torrent qui contracte toujours l'odeur des canaux où il passe. »

Pierre-Claude-Victor Boiste
« L'impuissance de faire mieux se venge par la médisance. »

Shakespeare
« Tout le talent de la méchanceté consiste à débiter d'absurdes médisances. »

## Mensonge

*Affirmation contraire à la vérité faite dans l'intention de tromper*

**Notions proches :**

fausseté
imposture
simulation
sournoiserie
tromperie

## CITATIONS EXPLICATIVES

Marc Levy
« Ce qui se construit sur le mensonge ne peut pas durer. »

Balzac
« L'espérance est un mensonge appuyé sur l'avenir. »

Stendhal
« Le mensonge est la seule et facile ressource de la faiblesse. »

Adrien Goetz
« L'histoire est un mensonge raconté par les vainqueurs. »

Jacob Cat
« Si vite que coure le mensonge la vérité un jour le rejoint. »

Charles Péguy
« Taire la vérité, n'est-ce pas déjà mentir ? »

William Congreve
« Il n'y a rien de tel qu'un peu de vérité pour masquer un mensonge. »

Jean Rostand
« Un mensonge peut être moins menteur qu'une vérité bien choisie. »

## CITATIONS FAVORABLES

Eugène Labiche
« Il y a des circonstances où le mensonge est le plus saint des devoirs. »

Maxime Gorki
« Parfois le mensonge exprime mieux que la vérité ce qui se passe dans l'âme. »

Anatole France
**« L'ignorance fait notre tranquillité ; le mensonge, notre félicité. »**

CITATIONS DÉFAVORABLES

Camille Goemans
**« Nos mensonges nous engagent mieux qu'aucune vérité. »**

Georges Bernanos
**« Un seul mensonge fait plus de bruit que cent vérités. »**

Jean Rostand
**« En politique, on ne flétrit le mensonge d'hier que pour flatter le mensonge d'aujourd'hui. »**

Sacha Guitry
**« Quand un mensonge ne prend pas, c'est qu'il est bête. »**

## Mépris

*Sentiment par lequel on considère quelque chose ou quelqu'un comme indigne d'estime ou d'intérêt*
*Attitude de réprobation morale par laquelle on considère que quelque chose ou quelqu'u ne vaut pas la peine qu'on lui porte attention ou intérêt*

**Notions proches :**

arrogance
dédain
hauteur
irrévérence
mésestime
morgue
rebuffade

CITATIONS EXPLICATIVES

George Bernard Shaw
« Le silence est l'expression la plus parfaite du mépris. »

Molière
« Le mépris est une pilule qu'on peut avaler mais qu'on ne peut mâcher. »

Albert Camus
« Le mépris des hommes est souvent la marque d'un cœur vulgaire. »

Michel de Montaigne
« Il n'est réplique si piquante que le mépris silencieux. »

Noureddine Aba
« Le mépris est plus quotidien que le pain. »

Alfred Auguste Pilavoine
« On souffre plus encore du mépris que de la haine. » :

CITATIONS FAVORABLES

Thomas Fuller
« Le mépris efface l'injure plus vite que la vengeance. »

Jacques Deval
« Un peu de mépris épargne beaucoup de haine. »

CITATIONS DÉFAVORABLES

Jean Pellerin
« Le mépris des lois c'est le commencement de la décadence. »

Denis Diderot
« Le mépris est un sentiment froid, qui ne pousse à aucun procédé violent. »

Albert Camus
« Il n'est pas de destin qui ne se surmonte par le mépris. »

Montesquieu
« La plupart des mépris ne valent que des mépris. »

## Sarcasme

*Ironie acerbe, mordante, raillerie cruelle*

**Notions proches :**
brocard
gausserie
moquerie
persiflage
quolibet
raillerie

CITATIONS EXPLICATIVES

Paul Masson
« Un sarcasme ancien ne mord plus. En vieillissant il a perdu ses dents. »

Du Mars
« Le sarcasme n'est autre chose qu'une ironie faite avec aigreur et avec emportement. »

Chamfort
« La meilleure philosophie, relativement au monde, est d'allier, à son égard, le sarcasme de la gaieté avec l'indulgence du mépris. »

Jules Gobeil
« Le chemin est rapide du sarcasme à la rébellion. »

Christine Ockrent
« Rien n'est jamais acquis pour une femme, sauf le sarcasme si elle trébuche. »

Hugo Pratt
« Entre le sarcasme et l'ironie il y a la même distance qu'entre un rot et un soupir. »

Chamfort
« La meilleure philosophie, relativement au monde, est d'allier, à son égard, le sarcasme de la gaieté avec l'indulgence du mépris. »

CITATIONS FAVORABLES

Cioran
« Avec du sarcasme, on peut seulement masquer ses blessures, sinon ses dégoûts. »

CITATIONS DÉFAVORABLES

Gayle Forman
« Le sarcasme creuse un fossé entre soi-même et les autres. »

Kundera
« Le sarcasme … est une rouille qui corrode tout. »

Cioran
« Ce n'est pas le malheur, c'est le bonheur, le bonheur insolent, il est vrai, qui conduit à l'aigreur et au sarcasme. »

Amos Oz
« La jalousie fait mal, elle enfle et dégénère en sarcasmes : un peu comme une plaie qui s'infecte et suppure. »

Françoise Sagan
« Le sarcasme s'avère presque inévitable de ce que peut dire un homme à propos d'une femme qui ne lui a pas cédé. »

Chapitre IV

CITATIONS PAR AUTEUR

## AUTEURS

Utiliser les grands noms de la littérature, se pencher sur leurs pensées et leurs écrits qu'ils ont travaillés, polis, chéris et transcrits souvent dans une forme impeccable et percutante, surtout lorsqu'il s'agit de vers de poésie, voilà le genre de missives balistiques au service de l'attaque contre l'adversaire, attaque qu'il sera difficile de contrer, de détourner et encore moins de détruire.

Lorsque Victor Hugo, avec la force verbale qu'on lui connaît écrit : *construire une école, c'est fermer une prison*, on ne peut qu'admirer la justesse des images et l'à-propos de l'idée.

Qui suis-je après tout, pour minimiser, contrecarrer, dénigrer ou simplement ignorer le grand Hugo ? Ne peut-on pas penser que cette phrase n'est pas simplement le résultat d'une illumination de l'écrivain dans un moment d'égarement ou d'illumination, mais qu'elle est probablement le résultat d'un long cheminement intellectuel, d'une pensée qui lui est chère et qui trouve son aboutissement dans cette formule ?

Il en est de même des citations collectées ici à partir d'auteurs très connus : pour la plupart, elles sont au centre des systèmes de penser de leurs auteurs et sont donc le produit d'une maturation lente et réfléchie.

Dans cette partie, tous les auteurs sont français. La quasi-totalité est constituée d'écrivains mais on trouvera aussi un petit nombre d'intellectuels, politiciens, scientifiques et philosophes connus dont les citations trouvent leur place dans l'optique générale de cet ouvrage.

Les citations sont listées sans commentaires. Si l'on veut se référer à des commentaires de citation, il faut aller au chapitre II qui explique et commente une soixantaine de citations célèbres pour la plupart.

Alain

« Tout pouvoir sans contrôle rend fou. »

« Qui est mécontent des autres est toujours mécontent de soi. »

« Comme on vit mal avec ceux que l'on connaît trop. »

« Tout homme persécute s'il ne peut convertir. »

« A s'informer de tout, on ne sait jamais rien. »

« Qui n'a jamais été ridicule ne sait point rire. »

« Qui veut la guerre est en guerre avec soi. »

« Qui n'imite point n'invente pas. »

« Tous les sentiments guerriers viennent d'ambition, non de haine. »

« Qui délibère oublie de vouloir. »


Anatole France

« On reproche aux gens de parler d'eux-mêmes. C'est pourtant le sujet qu'ils traitent le mieux. »

« A l'endroit du public, répéter c'est prouver. »

« Mieux vaut comprendre peu que comprendre mal. »

« Il faut douter du doute. »

« Quand les lois seront justes, les hommes seront justes. »

« J'ai des ennemis et je m'en vante : je crois les avoir mérités. »

« Les hommes s'aiment entre eux, quand ils ne se connaissent pas. »

« Dans l'instinct est la seule vérité. »

« La justice est l'administration de la force. »

## Balzac

« Il n'y a que les pauvres de généreux. »

« Il n'y a pas de douleur que le sommeil ne sache vaincre. »

« Hésitez-vous ? ... tout est dit, vous vous trompez. »

« La gloire est le soleil des morts. »

« Ne commencez jamais le mariage par un viol. »

« La puissance ne consiste pas à frapper fort ou souvent mais à frapper juste. »

« Toute personne qui pense fortement fait scandale. »

« L'avarice commence où la pauvreté cesse. »

« La passion est sourde et muette de naissance. »

« Le malheur a cela de bon qu'il nous apprend à connaître nos vrais amis. »

« Les êtres sensibles ne sont pas des êtres sensés. »

« L'égoïsme est le poison de l'amitié. »

« Pourquoi les consolations ? Plus vives elles sont, plus elles élargissent le malheur. »

## Baudelaire

« Amer savoir, celui qu'on tire du voyage. »

« Hypocrite lecteur, - mon semblable, - mon frère. »

« Je veux dormir ! dormir plutôt que vivre ! »

« Ma jeunesse ne fut qu'un ténébreux orage. »

« Sois charmante et tais-toi ! »

« Ce qui est créé par l'esprit est plus vivant que la matière. »

« J'ai pétri de la boue et j'ai en fait de l'or. »

« Ce que la bouche s'accoutume à dire, le cœur s'accoutume à le croire. »

### Beaumarchais

« Sans la liberté de blâmer, il n'est point d'éloge flatteur. »

« Il est doux d'être aimé pour soi-même. »

« Un grand nous fait assez de bien quand il ne nous fait pas de mal. »

« Je me presse de tout de peur d'être obligé d'en pleurer. »

« Prouver que j'ai raison serait accorder que je puis avoir tort. »

« Écouter c'est encore ce qu'il y a de mieux pour bien entendre. »

« Qu'avez-vous fait … ? Vous vous êtes donné la peine de naître, et rien de plus. »

« Une bourse d'or me paraît toujours un argument sans réplique. »

« Chacun court après le bonheur. »

« Quand le déshonneur est public, il faut que la vengeance le soit aussi. »

« En fait d'amour, …, trop n'est même pas assez. »

« Quelle rage a-t-on d'apprendre ce qu'on craint toujours de savoir. »

« Posséder est peu de chose ; c'est jouir qui rend heureux. »

### Bergson

« Rêver, c'est se désintéresser. »

« L'idée est un arrêt de la pensée. »

« Choisir, donc exclure. »

« Toute action est un empiétement sur l'avenir. »

« L'obéissance au devoir est une résistance à soi-même. »

« Toute vérité est une route tracée à travers la réalité. »

« Le rire châtie certains défauts à peu près comme la maladie châtie certains excès. »

« Prévoir consiste à projeter dans l'avenir ce qu'on a perçu dans le passé. »

« La seule cure contre la vanité, c'est le rire. »

## Bernanos

« Il n'y a pas de vérités moyennes. »

« Les imbéciles ne prêtent attention qu'à ce qui leur fait peur. »

« Le grand nerveux est toujours son propre bourreau. »

« Un seul mensonge fait plus de bruit que cent vérités. »

« L'espérance est un risque à courir. »

« On n'échappe pas au ridicule par une affectation de gravité. »

« L'humilité épargne les affres de l'humiliation. »

« L'optimisme est un faux espoir à l'usage des lâches et des imbéciles. »

## Boileau-Despréaux

« Aimez qu'on vous conseille et non pas qu'on vous loue. »

« Vingt fois sur le métier remettez votre ouvrage. »

« Un sot trouve toujours un plus sot qui l'admire. »

« Le vrai peut quelquefois n'être pas vraisemblable. »

« Le mal qu'on dit d'autrui ne produit que du mal. »

« Rien n'est beau que le vrai. »

« On sera ridicule, et je n'oserai rien dire. »

« L'ignorance vaut mieux qu'un savoir affecté. »

« Le plus sage est celui qui ne pense point l'être. »

## Chamfort

« Presque tous les hommes sont esclaves faute de savoir prononcer la syllabe : non. »

« On n'imagine pas combien il faut d'esprit pour n'être pas ridicule. »

« La plaisanterie est une sorte de duel où il n'y a pas de sang versé. »

« La fausse modestie est le plus décent de tous les mensonges. »

« Les grands vendent toujours leur société à la vanité des petits. »

« Dans les discussions les injures sont les raisons de ceux qui ont tort. »

« La justice des hommes est toujours une forme de pouvoir. »

« Il y a des sottises bien habillées, comme il y a des sots très bien vêtus. »

« L'importance sans mérite obtient des égards sans estime. »

« Il est impossible de vivre dans le monde sans jouer de temps en temps la comédie. »

## Chateaubriand

« J'ai en moi une impossibilité d'obéir. »

« Le salaire n'est que l'esclavage prolongé. »

« Si l'on vous donne un soufflet, rendez-en quatre, n'importe la joue. »

« C'est le devoir qui crée le droit et non le droit qui crée le devoir. »

« On se livre d'autant plus vivement aux plaisirs qu'on se sent près de les perdre. »

« L'homme n'a qu'un mal réel : la crainte de la mort. »

« Les excès de la liberté mènent au despotisme. »

« Le péril s'évanouit quand on ose le regarder. »

« Il ne faut pas être plus royaliste que le roi. »

« La menace du plus fort me fait toujours passer du côté du plus faible. »

« Tout ce qui est fixe est fatal. »

« Qu'il est faible celui que les passions dominent. »

## Claudel

« Rien n'est plus dangereux qu'une idée quand on n'en a qu'une. »

« Celui qui aime beaucoup ne pardonne pas facilement. »

« Est-ce-que la vérité n'a pas dix-sept enveloppes comme les oignons ? »

« La fleur de l'illusion produit le fruit de la réalité. »

« Quand on est en péril de mort toutes les armes sont bonnes pour se défendre. »

« Je me réserve avec fermeté le droit de me contredire. »

« Il y a des gens qui réussissent à cacher même leur hypocrisie. »

## Clémenceau

« Ne craignez jamais de vous faire des ennemis : si vous n'en avez pas, c'est que vous n'avez rien fait. »

« Tout le monde peut faire des erreurs et les imputer à autrui : c'est faire de la politique. »

« Toute tolérance devient à la longue un droit acquis. »

« L'homme absurde est celui qui ne change jamais. »

« Quand on a du caractère, il est toujours mauvais. »

« La vanité humaine est si grande que le plus ignorant croit avoir besoin d'idées. »

« Ce que nous dénommons vérité n'est qu'une élimination d'erreurs. »

« Il n'y a pas de pire malheur qu'une amitié trompée. »

« Ne réussissent que ceux qui osent oser. »

« Un homme qui doit être convaincu avant d'agir n'est pas un homme d'action. »

« Je connais un tas de types à qui je ne pardonnerai jamais les injures que je leur ai faites. »

« Le monopole, c'est le dogme. »

« Même le silence est plus difficile que de manier la parole. »

« Quand on est jeune, c'est pour la vie. »

## Cocteau

« Un beau livre, c'est celui qui sème à foison des points d'interrogation. »

« A force de plaisirs, notre bonheur s'abîme. »

« Rien d'audacieux n'existe sans la désobéissance à des règles. »

« La jeunesse sait ce qu'elle ne veut pas avant de savoir ce qu'elle veut. »

« Un homme ne peut être admiré sans être cru. »

« Qui s'affecte d'une insulte, s'infecte. »

« Qu'un homme se trompe, passe encore ; mais qu'il insiste, c'est preuve de sottise. »

« Je me méfie de ceux qui refusent le rire et refusent son ouverture. »

« Méfions-nous des noyés qui s'accrochent et qui nous noient. »

« S'attendrir embrouille l'âme. »

« Le drame de notre temps, c'est que la bêtise se soit mise à penser. »

## Corneille

« A quatre pas d'ici, je te le fais savoir. »

« A qui venge son père, il n'est rien d'impossible. »

« A vaincre sans péril, on triomphe sans gloire. »

« Je suis jeune, il est vrai ; mais aux âmes bien nées
La valeur n'attend point le nombre des années. »

« Mes pareils à deux fois ne se font point connaître,
Et pour leurs coups d'essai veulent des coups de maître. »

« Je ne dois qu'à moi seul toute ma renommée. »

« Tombe sur moi le ciel, pourvu que je me venge ! »

« Jamais un envieux ne pardonne au mérite. »

« Qui pardonne aisément invite à l'offenser. »

« On n'aime point à voir ceux à qui l'on doit tout. »

## De Gaulle

« J'aime bien ceux qui me résistent : l'ennui, c'est que je ne peux les supporter. »

« Il vaut mieux avoir une méthode mauvaise plutôt que de n'en avoir aucune. »

« Face à l'événement, c'est à soi-même que recourt l'homme de caractère. »

« Le caractère, vertu des temps difficiles. »

« La confiance des petits exalte l'homme de caractère. »

« Délibérer est le fait de plusieurs. Agir est le fait d'un seul. »

« Il n'y a de réussite qu'à partir de la vérité. »

« Toujours le chef est seul en face du mauvais destin. »

« Être inerte, c'est être battu. »

« Toutes les doctrines, toutes les écoles, toutes les révoltes, n'ont qu'un temps. »

« On ne devrait plus accepter de responsabilités suprêmes au-delà de soixante ans. »

« Il n'y a que les arrivistes pour arriver. »

« Toujours le chef est seul en face du mauvais destin. »

## Destouches (Philippe Néricault, dit)

« Plus haute est la faveur et plus prompte est la chute. »

« Les absents ont toujours tort »

« Il n'est rien de si beau que la sincérité. »

« Quand on fait trop le grand, on paraît bien petit. »

« Par les airs du valet, on peut juger du maître. »

« Rien n'est plus assommant que les gens raisonnables. »

« Le plus grand des défauts, c'est la pédanterie. »

« Chassez le naturel, il revient au galop. »

### Diderot

« Aucun homme n'a reçu de la nature le droit de commander les autres. »

« Tous les gueux se réconcilient à la gamelle. »

« Souffrir le partage de l'autorité, c'est l'avoir perdue. »

« Quand on ne veut pas être faible, il faut souvent être ingrat. »

« Tenir constamment pour ennemi celui qu'on ne peut compter pour ami, et ne compter pour ami que celui qui a intérêt à l'être. »

« Celui qui disperse ses regards sur tout ne voit rien, ou voit mal. »

### Alexandre Dumas, père

« Un supérieur ne doit jamais avoir tort. »

« Qui ne sait pas mentir ne sait pas agir. »

« La plus belle rose dure un jour, la plus petite épine dure toute la vie. »

« On tombe du côté où l'on penche. »

« Toute vengeance est permise du moment où elle atteint le coupable. »

« Il n'y a pas de mal tant qu'on ne dit que du bien de soi. »

### Alexandre Dumas, fils :

« L'argent […] est un bon serviteur et un mauvais maître. »

### Edmond Rostand

« C'est la nuit qu'il est beau de croire à la lumière. »

« ... C'est un roc ! ... c'est un pic ! ... c'est un cap !
Que dis-je, c'est un cap ? ... c'est une péninsule ! »

« A la fin de l'envoi, je touche. »

« Moi, c'est moralement que j'ai mes élégances. »

« Que tous ceux qui veulent mourir lèvent le doigt. »

« Ah ! Non ! c'est un peu court, jeune homme. »

« Grimper par ruse au lieu de s'élever par force ? Non, merci. »

« Brodez, brodez. »

« Vous m'offrez du brouet quand je voulais des crèmes ! »

« On n'abdique pas l'honneur d'être une cible. »

### Flaubert

« La presse est une école d'abrutissement, parce qu'elle dispense de penser. »

« On ne fait rien de grand sans le fanatisme. »

« Il ne faut pas toucher aux idoles : la dorure en reste aux mains. »

« Il ne faut pas chanter victoire avant de voir les morts par terre. »

« J'aime les œuvres qui sentent la sueur. »

« Monsieur, je suis à plaindre, mais pas à vendre. »

« D'une roue qui tourne, comment pouvez-vous compter les rayons ? »

« J'aime les gens tranchants et énergumènes, on ne fait rien de grand sans le fanatisme. »

« Qui se contient, s'accroît. »

« Non, je ne méprise pas la gloire, on ne méprise pas ce qu'on ne peut atteindre. »

« La manière la plus profonde de sentir quelque chose est d'en souffrir. »

### Jean-Pierre Claris de Florian

« On dort bien mal quand on est en colère. »

« Le secret de réussir / C'est d'être adroit, non d'être utile. »

« Il vaut encore mieux / Souffrir le mal que de le faire. »

« Le suffrage d'un sot / Fait plus de mal que sa critique. »

« Rien ne change le caractère. »

« On perd ce que l'on tient quand on veut gagner tout. »

« Sans un peu de travail on n'a point de plaisir. »

« Ne jouons point avec les grands, - le plus doux a toujours des griffes à la patte. »

### Fontenelle

« La force des femmes est dans leur faiblesse. »

« Pour trouver la vérité, il faut tourner le dos à la multitude. »

« Tous les préjugés ont un fondement. »

« Chacun est envié pendant qu'il est lui-même envieux. »

« Assurons-nous bien du fait avant de nous inquiéter de la cause. »

### Gide

« J'appelle un livre manqué celui qui laisse intact le lecteur. »

« Il est bon de suivre sa pente, pourvu que ce soit en montant. »

« S'emparer de ce qui ne peut se défendre, c'est une lâcheté. »

« L'intelligence, c'est la faculté d'adaptation. »

« Les fautes des autres, c'est toujours réjouissant. »

## Hugo

« La pensée échappe toujours à qui tente de l'étouffer. »

« Je n'ai plus d'ennemis quand ils sont malheureux. »

« Si vous avez la force, il nous reste le droit. »

« L'enfer est tout entier dans ce mot : solitude. »

« Je suis une force qui va. »

« La dernière raison des peuples, le pavé. »

« Une révolution est un retour du factice au réel. »

« Souvent femme varie / bien fol est qui s'y fie ! »

« J'ai l'habit d'un laquais et vous en avez l'âme. »

## Jules Renard

« Il n'y a pas d'ami, il n'y a que des moments d'amitié. »

« On finit toujours par mépriser ceux qui sont trop facilement de notre avis. »

« Plus on lit, moins on imite. »

« On gagne à être connu. On perd à être trop connu. »

« Dis quelquefois la vérité, afin qu'on te croie quand tu mentiras. »

« La mort des autres nous aide à vivre. »

« La mort est douce : elle nous délivre de la pensée de la mort. »

« La sottise pousse sans qu'on l'arrose. »

« Il faut avoir le courage de préférer l'homme intelligent à l'homme très gentil. »

« L'ironie est un élément du bonheur. »

## La Bruyère

« Le flatteur n'a pas une assez bonne opinion de soi ni des autres. »

« La moquerie est souvent indigence d'esprit. »

« C'est la profonde ignorance qui inspire le ton dogmatique. »

« Toute révélation d'un secret est la faute de celui qui l'a confié. »

« La moquerie est de toutes les injures celle qui se pardonne le moins. »

« La fausse modestie est le dernier raffinement de la vanité. »

« Lorsqu'on désire, on se rend à discrétion à celui de qui on espère. »

« Ce qui barre la route fait faire du chemin. »

« Il coûte moins cher de haïr que d'aimer. »

## La Fontaine

« Je plie et ne romps pas. »

« Tout flatteur vit aux dépens de celui qui l'écoute. »

« A l'œuvre, on connaît l'artisan. »

« Rien ne sert de courir, il faut partir à point. »

« On a souvent besoin d'un plus petit que soi. »

« Patience et longueur de temps font plus que force ni que rage. »

« La raison du plus fort est toujours la meilleure. »

« Plus fait douceur que violence. »

« De tout inconnu le sage se méfie. »

« Tout flatteur vit aux dépens de celui qui l'écoute. »

« La méfiance est la mère de la sûreté. »

« Un Tiens vaut … mieux que deux Tu l'auras. »

« De celui-ci contentez-vous de peur d'en rencontrer un pire. »

## La Rochefoucauld

« L'enfer des femmes, c'est la vieillesse. »

« Les défauts de l'esprit augmentent en vieillissant comme ceux du visage. »

« Qui vit sans folie n'est pas si sage qu'il croit. »

« L'amour-propre est le plus grand de tous les flatteurs. »

« Il est plus nécessaire d'étudier les hommes que les livres. »

« Ceux qui s'appliquent trop aux petites choses deviennent ordinairement incapables des grandes. »

« Les esprits médiocres condamnent d'ordinaire tout ce qui passe à leur portée. »

« La vertu n'irait pas si loin, si la vanité ne lui tenait compagnie. »

« On aime à deviner les autres mais l'on n'aime pas à être deviné. »

« Le refus des louanges est un désir d'être loué deux fois. »

« Le propre de la médiocrité est de se croire supérieur. »

« Il suffit quelquefois d'être grossier pour n'être pas trompé par un habile homme. »

« Il faut écouter ceux qui parlent, si on veut en être écouté. »

« Les personnes faibles ne peuvent être sincères. »

## Lamartine

« L'homme est Dieu par la pensée. »

« Un jour de larmes consume plus de force qu'un an de travail. »

« La critique est la puissance des impuissants. »

« La gloire efface tout, tout excepté le crime. »

« Rien n'est vrai, rien n'est faux ; tout est songe et mensonge. »

## Malraux

« La vérité d'un homme, c'est d'abord ce qu'il cache. »

« Une vie ne vaut rien, mais […] rien ne vaut une vie. »

« Une culture ne meurt que de sa propre faiblesse. »

« On ne voit vieillir que les autres. »

« Le XXI$^e$ siècle sera spirituel ou ne sera pas. »

« Exprimer sa souffrance délivre. »

« Le pouvoir doit se définir par la possibilité d'en abuser. »

« Chacun de nous ne connaît que sa propre douleur. »

« La vérité d'un homme, c'est d'abord ce qu'il cache. »

## Marivaux

« Il n'y a rien de si trompeur que la mine des gens. »

« L'âme se raffine à mesure qu'elle se gâte. »

« Le mérite vaut bien la naissance. »

« On ne sent point qu'on est menteur quand on a l'habitude de l'être. »

« On s'accoutume à tout dans l'abondance, il n'y a guère de dégoût dont elle ne console. »

« Bien écouter, c'est presque répondre. »

## Molière

« La naissance n'est rien où la vertu n'est pas. »

« Je vis de bonne soupe, et non de beau langage. »

« Qui veut noyer son chien l'accuse de la rage. »

« C'est à vous, s'il vous plaît, que ce discours s'adresse. »

« Couvrez ce sein que je ne saurais voir. »

## Montaigne

« Qui suit un autre ne suit rien. Il ne trouve rien, voire ne cherche rien. »

« Peu d'hommes ont été admirés par leurs domestiques. »

« Philosopher, c'est apprendre à mourir. »

« Sur le plus beau trône, on n'est jamais assis que sur son cul ! »

« Mieux vaut tête bien faite que tête plein pleine. »

« Nous défendre quelque chose, c'est nous en donner envie. »

« La vraie liberté est de pouvoir toute chose sur soi. »

« Il n'est réplique si piquante que le mépris silencieux. »

« Il faut se prêter à autrui et ne se donner qu'à soi-même.

## Montesquieu

« La liberté, ce bien qui fait jouir des autres biens. »

« La liberté est de faire tout ce que les lois permettent. »

« Un flatteur est un esclave qui n'est bon pour aucun maître. »

« Qui fait exécuter les lois doit s'y soumettre. »

« Nous croyons les autres plus heureux qu'ils ne sont. »

« La liberté est le droit de faire tout ce que les lois permettent. »

« Il faut se faire craindre ou se faire aimer. »

« Ne sentirons-nous jamais que le ridicule des autres ?"

« Plus une tête est vide, plus elle cherche à se désemplir. »

« Nous louons les gens à proportion de l'estime qu'ils ont pour nous. »

« Celui qui fait exécuter les lois doit y être soumis. »

« La gravité est le bonheur des imbéciles. »

« Il n'y a pas une idée qui vaille qu'on tue un homme. »

## Montherlant

« La politique est l'art de se servir des gens. »

« Qui aime, attend. »

« Qui veut trop trouver ne trouve rien. »

« Les révolutions font perdre beaucoup de temps. »

« Je vous reproche de ne pas respirer à la hauteur où je respire. »

## Alfred de Musset

« Le plaisir des disputes, c'est de faire la paix. »

« A défaut du pardon, laisse venir l'oubli. »

« Les plus désespérés sont les chants les plus beaux. »

« Qu'est-ce donc oublier si ce n'est pas mourir ? »

« Rien ne nous rend si grands qu'une grande douleur. »

« Nul ne se connaît tant qu'il n'a pas souffert. »

## Pascal

« L'homme est un roseau. »

« Il est bien plus beau de savoir quelque chose de tout que de savoir tout d'une chose. »

« Pensée fait la grandeur de l'homme. »

« Voulez-vous qu'on croie du bien de vous ? N'en dites point. »

« L'éloquence continue ennuie. »

« C'est une maladie naturelle à l'homme de croire qu'il possède la vérité. »

« Dire la vérité est utile à celui à qui on la dit, mais désavantageux à ceux qui la disent, parce qu'ils se font haïr. »

« Jamais on ne fait le mal si pleinement et si gaiement que quand on le fait par conscience. »

Pasteur

« Quand on est enfin arrivé à la certitude, on éprouve l'une des plus grandes joies que puisse ressentir l'âme humaine. »

« Le hasard porte quelquefois en avant ceux que la modestie retient en arrière. »

« La grandeur des actions humaines se mesure à l'inspiration qui les fait naître. »

« Ayez le culte de l'esprit critique. »

« Un peu de science éloigne de Dieu, beaucoup y ramène. »

« Guérir parfois, soulager souvent, écouter toujours. »

« Il y a plus de philosophie dans une bouteille de vin que dans tous les livres. »

Péguy

« Le droit ne fait pas la paix, il fait la guerre. »

« Il y a quelque chose de pire que d'avoir une mauvaise pensée. C'est d'avoir une pensée toute faite. »

« Ceux qui se taisent, les seuls dont la parole compte. »

« Il y a des ordres injustes, qui cachent les pires désordres. »

« La calomnie est en politique moins gênante que la manifestation de la vérité. »

Proust

« Les paradoxes d'aujourd'hui sont les préjugés de demain. »

« On ne guérit d'une souffrance qu'à condition de l'éprouver pleinement. »

« On devient moral dès qu'on est malheureux. »

« La douleur est un aussi puissant modificateur de la réalité que l'ivresse. »

« On n'aime plus personne dès qu'on aime. »

« L'audace réussit à ceux qui savent profiter des occasions. »

« Le regret est un amplificateur du désir. »

« On ne connaît pas son bonheur. On n'est jamais aussi malheureux qu'on croit. »

### Rabelais

« Science sans conscience n'est que ruine de l'âme. »

« Thésauriser est fait de vilain. »

« Tout vient à point à qui peut attendre. »

« Celui-là qui veut péter plus haut qu'il n'a le cul doit d'abord se faire un trou dans le dos. »

### Racine

« C'était pendant l'horreur d'une profonde nuit. »

« Il n'est point de secrets que le temps ne révèle. »

« J'embrasse mon rival, mais c'est pour l'étouffer. »

« Le jour n'est pas plus pur que le fond de mon cœur. »

« Qui veut voyager loin ménage sa monture. »

« La douleur qui se tait n'en est que plus funeste. »

« On ne peut vaincre sa destinée. »

### Rivarol

« Tout homme qui s'élève s'isole. »

« Le mépris doit être le plus mystérieux de nos sentiments. »

« Dans chaque ami, il y a la moitié d'un traître. »

« La raison est souvent entre le rire et la colère. »

« Les destins trop brillants amènent trop d'orages. »

« L'homme prendra toujours pour ses amis les ennemis de ses ennemis. »

« Toutes les vérités ne sont pas bonnes à dire ; tous les mensonges sont bons à entendre. »

« Il faut attaquer l'opinion avec ses armes : on ne tire pas des coups de fusil aux idées. »

« La raison se compose de vérités qu'il faut dire et de vérités qu'il faut taire. »

## Ronsard

« Celui qui se connaît est seul maître de soi. »

« Cueillez dès aujourd'hui les roses de la vie. »

« Mais toujours le plaisir de douleur s'accompagne. »

« Celui qui n'aime est malheureux, // Et malheureux est l'amoureux. »

« La jeunesse s'enfuit sans jamais revenir. »

« Par le plaisir faut tromper le trépas. »

« Heureux qui plus rien ne désire. »

« J'aime mieux tomber d'en-haut que voler bas. »

« La Raison contre l'Amour ne peut chose qui vaille. »

« Loi ne sert de rien, quand la Vertu nous garde. »

## Rousseau

« L'homme est né libre et partout il est dans les fers. »

« Le plus lent à promettre est toujours le plus fidèle à tenir. »

« Plus le corps est faible, plus il commande; plus il est fort, plus il obéit.»

« Tant que le luxe régnera chez un peuple, la cupidité régnera dans les cœurs. »

« En général les gens qui savent peu parlent beaucoup, et les gens qui savent beaucoup parlent peu. »

« Quand le cœur s'ouvre aux passions, il s'ouvre à l'ennui de la vie. »

« Tant qu'on désire on peut se passer d'être heureux, on s'attend à le devenir. »

« L'intolérant est celui qui damne impitoyablement ceux qui ne pensent pas comme lui. »

« Rien n'est plus dangereux que l'autorité en des mains qui ne savent pas en faire usage. »

« La prudence, si elle prévient les grandes fautes, elle nuit aussi aux grandes entreprises. »

## Sartre

« Je suis libre : il ne me reste plus aucune raison de vivre. »

« Ne pas choisir, c'est encore choisir. »

« C'est dans l'échec que l'on doit agir. »

« On est toujours responsable de ce qu'on n'essaie pas d'empêcher. »

« Tous les moyens sont bons quand ils sont efficaces. »

« On ne peut vaincre le mal que par un autre mal. »

« L'homme n'est rien d'autre que ce qu'il se fait. »

## Valéry

« Qui ne peut attaquer le raisonnement attaque le raisonneur. »

« L'attitude de l'indignation habituelle, signe d'une grande pauvreté de l'esprit. »

« Attaquer le plus faible, c'est la force du lâche. »

Demandez toujours des preuves, la preuve est la politesse élémentaire qu'on se doit. »

« Il faut juger à froid, et agir à chaud. »

« Qui rougit en sait un peu plus qu'il ne devrait en savoir. »

« Qui nous cède, nous hait. »

## Vauvenargues

« La vanité est le premier intérêt des riches. »

« La fatuité dédommage du défaut de cœur. »

« L'adversité fait beaucoup de coupables et d'imprudents. »

« Tout ce qui est injuste nous blesse, lorsqu'il ne nous profite pas directement. »

« La pensée de la mort nous trompe ; car elle nous fait oublier de vivre. »

« La nécessité nous délivre de l'embarras du choix. »

## Voltaire

« Aime la vérité, mais pardonne à l'erreur. »

« Le secret d'ennuyer est celui de tout dire. »

« Il vaut mieux hasarder de sauver un coupable que de condamner un innocent. »

« Quiconque est soupçonneux invite à le trahir. »

« On est moins malheureux quand on ne l'est pas seul. »

« Il vaut mieux tard que mal, et cela en tout genre. »

« Le temps est assez long pour quiconque en profite. »

« Qui dispute a raison, et qui dispute à tort. »

# Chapitre V

# CITATIONS DIVERSES

**Citations diverses**

Dans ce chapitre, on trouvera des citations de personnalités appartenant à différents milieux, littéraires, politiques, scientifiques, religieux, philosophiques, etc.

Nous avons aussi élargi le champ à des personnalités autres que francophones, ce qui amène aussi d'autres perspectives tant il est vrai que nous sommes quelque part le produit de notre environnement et que cela peut se percevoir très clairement dans le monde intellectuel.

Le champ était si large que nous avons décidé de ne choisir que des personnalités marquantes de leur époque et pour chacune d'entre elles, nous avons sélectionné un nombre très restreint de citations qui nous semblaient correspondre au besoin de cet ouvrage et offrir un intérêt réel.

**Alain :** « Réfléchir, c'est nier ce que l'on croit. »

**Aron, Robert :** « Toute foi nouvelle commence par une hérésie. »

**Banville :** « Et ceux qui ne font rien ne se trompent jamais. »

**Bauër, Gérard :** « La grâce n'a pas d'âge. »

**Beauvoir, Simone de :** « La fatalité triomphe dès qu'on croit en elle ».

**Becque, Henry :** « Il ne faut pas voir ses amis si l'on veut les conserver. »

« L'élite, c'est la canaille. »

**Braque, Georges :** « La vérité existe. On n'invente que le mensonge. »

**Breton André :** « Toutes les idées qui triomphent courent à leur perte. »

« La poésie n'a de rôle à jouer qu'au-delà de la philosophie. »

**Brillat-Savarin, A. :** « Dis-moi ce que tu manges, je te dirai ce que tu es. »

**Calvin Jean :** « La pire des pestes est la raison humaine. »

« C'est dingue : même quand tout va mal, les choses peuvent encore devenir infiniment pires. »

| | |
|---|---|
| Canetti E. : | « Il y a des inimitiés dont il ne faut pas se priver. » |
| Chargaff E. : | « un bon maître ne devrait avoir que des disciples dissidents. » |
| Churchill : | « C'est une belle chose d'être honnête, mais il est également important d'avoir raison. » |
| | « La critique peut être désagréable, mais elle est nécessaire. » |
| | « Un pessimiste voit la difficulté dans chaque opportunité, un optimiste voit l'opportunité dans chaque difficulté. » |
| | « Il n'y a aucun mal à changer d'avis, pourvu que ce soit dans le bon sens. » |
| Claudel | « Celui qui aime beaucoup ne pardonne pas facilement. » |
| Cioran : | « Doute dévastateur, doute nourricier. » |
| Clémenceau : | « L'homme absurde est celui qui ne change jamais. » |
| Colette : | « Sois fidèle à ton impression première. » |
| Constant, Benjamin : | « La reconnaissance a la mémoire courte. » |
| Courteline, Georges : | « Il vaut mieux gâcher sa jeunesse que de n'en rien faire du tout. » |
| Curie, Marie | « Vous ne pouvez pas espérer construire un monde meilleur sans améliorer les individus. » |
| Darwin, Charles | « Un mathématicien est un aveugle qui, dans une pièce sombre, cherche un chat noir qui n'y est pas. » |
| | « Un homme qui ose perdre une heure n'a pas découvert la valeur de la vie. » |
| Daudet, Alphonse : | « La haine, c'est la colère des faibles ! » |
| | « Où serait le mérite, si les héros n'avaient jamais peur ? » |
| Debussy : | « Pour moi, se spécialiser, c'est rétrécir son univers. » |
| Delavigne, Casimir : | « Aimez qui vous résiste et croyez qui vous blâme. » |
| | « Faites ce que je dis, et non ce que j'ai fait. » |
| Descartes : | « Il suffit de bien juger pour bien faire. » |
| | « Ce n'est pas assez d'avoir l'esprit bon, mais le principal est de l'appliquer bien. » |

| | |
|---|---|
| Diderot : | « Je suis plus sûr de mon jugement que de mes yeux. » |
| | « Tous les gueux se réconcilient à la gamelle. » |
| Du Bellay : | « Heureux qui, comme Ulysse, a fait un beau voyage. » |
| | « Il n'est si grande douleur qu'une douleur muette. » |
| Du Deffand | « Plus je pense, plus je réfléchis, moins je suis heureux. » |
| Duhamel, Georges : | « Il y a toujours du courage à dire ce que tout le monde pense. » |
| | « Le cul voudrait arriver avant la tête, mais la tête ne veut quand même pas. » |
| Duras, Marguerite : | « Il n'y a rien qui enferme plus que l'amour. » |
| Einstein: | « L'imagination est plus importante que le savoir. » |
| | « Le culte de la personnalité reste à mes yeux toujours injustifié. » |
| Engels, Friedrich : | « Une once d'action vaut une bonne théorie. » |
| Estienne, Henri : | « Au chaudron des douleurs, chacun porte son écuelle. » |
| | « Si jeunesse savait, si vieillesse pouvait. » |
| Etienne, Charles G. : | « On n'est jamais si bien servi que par soi-même. » |
| Florian, Jean-Pierre C. : | « Pour vivre heureux, vivons cachés. » |
| Forneret, Xavier : | « L'avenir est un miroir sans glace. » |
| France, Anatole : | « On croit mourir pour la patrie ; on meurt pour des industriels. » |
| | « La raison est ce qui effraie le plus chez un fou. » |
| François 1er : | « Toute femme varie. » |
| Gaulle, Charles de : | « La France a perdu une bataille, mais la France n'a pas perdu la guerre. » |
| Gautier T. : | « Tout ce qui est utile est laid. » |
| Gandhi : | « La plus grande force dont puisse disposer l'humanité est la non-violence. » |
| Giono : | « Tout le jeu de la guerre se joue sur la faiblesse du guerrier. » |

Giraudoux, Jean : « Un seul être vous manque et tout est repeuplé. »

« Le privilège des grands, c'est de voir les catastrophes d'une terrasse. »

« La paix est l'intervalle entre deux guerres. »

Goethe « Être adulte, c'est avoir pardonné à ses parents. »

Goncourt, Remy de : « L'altruiste est un égoïste raisonnable. »

Grasset, Bernard : « La solution du bon sens est la dernière à laquelle songent les spécialistes. »

Green, Julien : « Le grand péché du monde moderne, c'est le refus de l'invisible. »

« L'oubli est une grâce. »

Gresset, Jean-Baptiste : « La douleur est un siècle et la mort un moment. »

« L'esprit qu'on veut avoir gâte celui qu'on a. »

« On ne vit qu'à Paris et l'on végète ailleurs. »

Gringoire, Pierre : « Mieux vaut être seul que mal accompagné. »

« Le plus sage se tait. »

Finkielkraut : « La liberté est impossible à l'ignorant. »

Hamon, Jean : « Une bonne confession vaut mieux qu'une mauvaise excuse. »

Haraucourt, Edmond : « Partir, c'est mourir un peu. »

Ionesco, Eugène : « Vouloir être de son temps, c'est déjà être dépassé. »

Jean-Paul II « Le pardon est une option du cœur qui va contre l'instinct spontané de rendre le mal pour le mal. »

Joubert, Joseph : « Enseigner, c'est apprendre deux fois. »

King, Martin Luther : « La violence est aussi inefficace qu'immorale. »

« Ce qui m'effraie, ce n'est pas l'oppression des méchants ; c'est l'indifférence des bons. »

« Nous devons apprendre à vivre ensemble comme des frères, sinon nous allons mourir tous ensemble comme des idiots. »

« Chacun a la responsabilité morale de désobéir aux lois injustes. »

« L'ancienne loi du talion « œil pour œil...» rend tout le monde aveugle. »

La Bruyère, Jean de : « Tout est tentation à qui la craint. »

Laclos, Choderlos de : « Pour les hommes, l'infidélité n'est pas l'inconstance. »

« Le superflu finit par priver du nécessaire. »

Larbaud, Valéry : « On croit pardonner, et ce n'est que faiblesse. »

« Et si le mythe c'était la vérité »

Lebrun-Pindare : « C'est avoir déjà tort que d'avoir trop raison. »

Lénine : « Vous ne pouvez pas faire la révolution en gants blancs. »

« Les faits sont têtus. »

Lesage : « Je suis content et je suis heureux, puisque je crois l'être. »

Lévis, Gaston de : « Gouverner, c'est choisir. »

« Réprimez, vous aurez moins à punir. »

Ligne, Charles-Joseph de : « Il y a deux espèces de sots : ceux qui ne doutent de rien et ceux qui doutent de tout. »

« Malheur aux gens qui n'ont jamais tort ; ils n'ont jamais raison. »

Lincoln, Abraham « Un bulletin de vote est plus fort qu'une balle de fusil. »

« Vous ne pouvez pas aider le pauvre en ruinant le riche. »

« Vous pouvez tromper quelques personnes tout le temps. Vous pouvez tromper tout le monde un certain temps. Mais vous ne pouvez tromper tout le monde tout le temps. »

« Mieux vaut rester silencieux et passer pour un imbécile que parler et n'en laisser aucun doute. »

Loyola, Ignace de « Personne ne travaille mieux que lorsqu'il fait une seule chose. »

Luther : « Si je me repose, je rouille. »

« La Vérité est plus forte que l'éloquence, le savoir supérieur à l'érudition. »

| | |
|---|---|
| Machiavel : | « L'habituel défaut de l'homme est de ne pas prévoir l'orage par beau temps. » |
| | « Là où la volonté est grande, les difficultés diminuent. » |
| | « Que pour être efficace il faut cacher ses intentions ! » |
| | « La force est juste quand elle est nécessaire. » |
| | « Gouverner, c'est faire croire. » |
| Maillart E. : | « Seul l'instant présent est réel, puissant. » |
| Malebranche : | « Il faut toujours rendre justice avant que d'exercer la charité. » |
| Mallarmé, Stéphane : | « La chair est triste, hélas ! et j'ai lu tous les livres. » |
| Mallet, Robert : | « Les bonnes idées n'ont pas d'âge, elles ont seulement de l'avenir. » |
| Mao Zedong : | « Le pouvoir est au bout du fusil. » |
| | « Une seule étincelle peut allumer un feu de prairie. » |
| | « Sans destruction pas de construction ; sans barrière pas de courant ; sans arrêt pas d'avance. » |
| Martin du Gard, R. : | « Mourir en laissant une œuvre, ce n'est plus mourir autant. » |
| Marx, Karl : | « Une idée devient force lorsqu'elle s'empare des masses. » |
| | « La religion est l'opium du peuple. » |
| Massignon, Louis : | « L'homme qui se tait refuse ; la femme qui se tait consent. » |
| Mauriac, François : | « L'artiste est menteur, mais l'art est vérité ! » |
| | « Dans le doute, il faut choisir d'être fidèle. » |
| Maurois, André : | « On ne fait pas de grandes choses sans être une brute. » |
| | « Le bonheur est une fleur qu'il ne faut pas cueillir. » |
| Michaux, Henri : | « Malheur à ceux qui se contentent de peu. » |
| Napoléon Bonaparte : | « A tout peuple conquis il faut une révolte. » |
| | « Une société sans religion est comme un vaisseau sans boussole. » |

| | |
|---|---|
| Morand, Paul : | « En amour, être Français, c'est la moitié du chemin. » |
| | « Elle était belle, comme la femme d'un autre. » |
| Newton, Isaac : | « J'ai vu plus loin que les autres parce que je me suis juché sur les épaules de géants. » |
| | « Lorsque deux forces sont jointes, leur efficacité est double. » |
| Nietzsche : | « On n'entend que les questions auxquelles on est en mesure de trouver réponse. » |
| | « Parler beaucoup de soi peut être un moyen comme un autre pour se cacher. » |
| | « La joie des petites méchancetés nous épargne mainte grande mauvaise action. » |
| | « Parvenir à la puissance se paie cher : la puissance abêtit. » |
| Pagnol, Marcel : | « Tu as vu des femmes qui aiment les pauvres ? » |
| Pigault-Lebrun : | « Tout ce qui est exagéré est insignifiant. » |
| Poe, Edgar Allan : | « Observer attentivement, c'est se rappeler distinctement. » |
| | « Toutes choses sont bonnes ou mauvaises par comparaison. » |
| | « Calomnier un grand homme est, pour beaucoup de gens médiocres, le moyen le plus prompt de parvenir à leur tour à la grandeur. » |
| | « Je commence à croire que le peuple n'a rien à voir dans les lois si ce n'est pour leur obéir. » |
| Proudhon, Pierre J.: | « La politique est la science de la liberté. » |
| | « Qu'est-ce que la propriété ? […] C'est le vol. » |
| Proust, Marcel : | « L'habitude est une seconde nature. » |
| | « Les vrais paradis sont les paradis qu'on a perdus. » |
| Rabelais, François : | « Rire est le propre de l'homme. » |
| Renan : | « L'idéaliste est toujours le pire des révolutionnaires. » |
| Restif de la Bretonne : | « Le mérite produit une inégalité juste. » |

| | |
|---|---|
| Richelieu : | « Il faut écouter beaucoup et parler peu pour bien agir. » |
| | « Il faut se contenter de peu pour parvenir à davantage. » |
| Rivarol | « Un peu de philosophie écarte de la religion, et beaucoup y ramène. » |
| Rolland, Romain : | « L'ennemi mortel de l'âme c'est l'usure des jours. » |
| Rosnay J. de : | « La liberté, c'est le choix des contraintes. » |
| Rostand, Jean : | « On n'est pas vieux tant que l'on cherche. » |
| Sade, Marquis de : | « La tolérance est la vertu des faibles. » |
| | « Rien n'encourage comme un premier crime impuni. » |
| Saint-Augustin : | « La mesure de l'amour, c'est d'aimer sans mesure. » |
| Saint-Exupéry : | « Ce qui diffère de moi, loin de me léser, m'enrichit. » |
| Sainte-Beuve : | « Moins on parle, et bien souvent mieux l'on pense. » |
| Sand, George : | « Avec la loi du chacun pour soi, nous sommes tous ennemis les uns des autres. » |
| | « Le bonheur dans une vie est aussi rapide que le passage d'un éclair. » |
| | « Les faits valent mieux pour convaincre que de belles paroles pour attendrir. » |
| | « La critique est plus facile que la pratique. » |
| | « Quelqu'un qui vous parle effrontément vaut mieux qu'un hypocrite effronté. » |
| Sartre, Jean-Paul : | « L'enfer, c'est les Autres. » |
| Staël, Madame de : | « Tout comprendre rend très indulgent. » |
| Starobinsky J. : | « Le travail, en dernier ressort, masque l'absence de bonheur. » |
| Staline : | « Ce qui compte ce n'est pas le vote, c'est comment on compte les votes. » |
| Stendhal : | « Différence engendre haine. » |
| Swift : | « Si un homme me tient à distance, ma consolation est qu'il s'y tient aussi. » |

|  |  |
|---|---|
|  | « Une excuse est un mensonge fardé. » |
| **Thibon G. :** | « Être dans le vent : une ambition de feuille morte. » |
| **Trotsky :** | « De tous les événements inattendus, le plus inattendu c'est la vieillesse. » |
|  | « La réalité ne pardonne pas une seule erreur à la théorie. » |
|  | « Celui qui aspire à une vie paisible s'est trompé en naissant au XX$^e$ siècle. » |
| **Vauvenargues :** | « On promet beaucoup pour se dispenser de donner peu. » |
| **Vigny** | « L'espérance est la plus grande de nos folies. » |

# Chapitre VI

# ADAGES

# ADAGES

La sagesse populaire traverse les siècles et ne cesse de renvoyer tous les échauffés du moment présent vers le coin de la raison, de la logique, du bon sens.

Toutes les nouveautés, les modes, les idéologies passent dans notre quotidien. Certaines nous sont martelées par la propagande ou la publicité d'une manière obsédante et insidieuse pour se nicher en nous et nous assujettir à leur emprise.

Face à ce rouleau compresseur qui fait souvent fi de la réalité et tente d'imposer des chimères restent toujours ancrés dans les rapports humains l'héritage historique et le poids de la tradition.

Les anciens notamment regardent défiler ces modes passagères avec scepticisme et détachement et se rabattent sur le fond de bon sens accumulé pendant des siècles d'observation et de vécu. Leur sagesse s'ancre dans un monde où l'on trouve à la place d'honneur la nature dans ses composantes campagnarde, agreste, voire bucolique.

Une des manifestations de cette base solide réside dans les adages, dictons, proverbes et aphorismes de tous genres qui fleurissent dans le parler chantant des gens de la terre : ceux-ci ont les pieds ancrés dans le concret et ne se laissent pas facilement distraire de la réalité par des procédés fallacieux.

Ces adages ont en général les caractéristiques suivantes :

Concision :
Généralité : un grand nombre d'entre eux ont comme sujet le pronom : **on**.
Anonymat : d'autres commencent avec le mot : **qui** ou le mot **tel**
Ton péremptoire :

A notre tour de connaître et d'utiliser à bon escient ce trésor de sagesse dans nos propos.

Il existe tellement de dictons qu'un choix nécessaire s'est avéré très difficile. On s'est donc limité, pour montrer cette extrême diversité, à ne lister que quelques proverbes comprenant des signes communs (similarité de mots sujets, de verbes, etc.).

J'encourage donc le lecteur à continuer la recherche pour enrichir sa panoplie d'autant de dictons requis pour couvrir le maximum de situations délicates. Un bon dicton donne raison.

Comme se passer d'un tel trésor ? Comme l'a écrit Rivarol : « Les proverbes sont le fruit de l'expérience de tous les peuples, et comme le bon sens de tous les siècles réduit en formules. »

## Proverbes commençant par QUI

**« Qui trop embrasse mal étreint. »**
Contexte : A trop vouloir, on peut tout perdre.
Intention : A l'intention de tous les envieux, convoiteux et cupides.

**« Qui sème le vent, récolte la tempête. »**
Contexte : Si on joue avec le feu, on se brûle.
Intention : A l'intention des imprudents, des écervelés, des risque-tout.

**« Qui épargne le méchant nuit au meilleur. »**
Contexte : contre une trop grande mansuétude.
Intention : mauvaise charité se retourne contre les bons.

**« Qui croit en ses rêves manque sa vie. »**
Contexte : le rêve n'est pas la vraie vie.
Intention : avertissement aux rêveurs, aux idéalistes, aux utopistes.

**« Qui va lentement va sûrement. »**
Contexte : contre la précipitation.
Intention : la lenteur est gage de sagesse.

**« Qui cherche trouve. »**
Contexte : contre le découragement.
Intention : à force de volonté, on arrive.

**« Qui se ressemble s'assemble. »**
Contexte : on ne sent bien qu'avec des gens comme nous.
Intention : le rapprochement avec ses semblables est chose naturelle.

**« Qui veut la fin veut les moyens. »**
Contexte : pour atteindre un but, il faut ne pas hésiter à faire le maximum
Intention : rien n'arrive que si on fait tout pour cela.

**« Qui ne risque rien n'a rien. »**
Contexte : on ne reçoit qu'à proportion de son engagement.
Intention : exhortation à s'engager pleinement pour récolter le fruit de ses efforts.

**« Qui vole un œuf vole un bœuf. »**
Contexte : qui commet de petits délits en commettra de plus graves.
Intention : voleur un jour, voleur toujours.

## Proverbes commençant par TEL

### « Tel est pris qui croyait prendre. » (La Fontaine)
Contexte : l'arroseur arrosé.
Intention : celui qui cherche à piéger les autres sera tôt ou tard piégé à son tour.

### « Tel qui rit vendredi, dimanche pleurera. » (Racine)
Contexte : les vicissitudes de la vie influencent chaque jour de notre existence.
Intention : être prêt pour passer sans transition de la joie à la tristesse.

### « Tel homme est maître d'une ville qui obéit à une femme. »
Contexte : l'influence de la femme sur l'homme.
Intention : pour puissants qu'ils soient, les hommes sont dominés par leur femme.

### « Tel qui creuse un fossé pour autrui, y tombe …lui-même. » (Proverbe russe)
Contexte : l'arroseur arrosé.
Intention : se garder que ses propres projets néfastes ne se retournent contre soi.

### « Tel père, tel fils. »
Contexte : la conséquence de l'éducation que reçoivent les enfants de leurs parents
Intention : les enfants ressemblent à leurs parents.

### « Telle vie, telle réputation. »
Contexte : la conséquence du type de vie qu'on mène.
Intention : la réputation que l'on acquiert est le reflet de la vie que l'on mène.

### « Tel qui vit d'espoir meurt à jeun. » (Benjamin franklin)
Contexte : mise en garde contre l'optimisme de l'espoir.
Intention : il faut se motiver à agir et à ne pas simplement attendre que les choses s'arrangent d'elles-mêmes.

### « Tel tu fréquentes, tel tu deviens. »
Contexte : influence des gens que l'on fréquente.
Intention : Les fréquentations que l'on a influent sur notre personnalité

### « Tel est l'homme, tel est son travail. »
Contexte : l'importance de l'activité professionnelle.
Intention : Dans chacun de nous, le travail accompli reflète notre personnalité.

### « Tel Avent // Tel printemps. »
Contexte : Le printemps vient après l'hiver ( = Avent).
Intention : Le temps du printemps est déterminé par le type d'hiver qu'il y a eu.

**Proverbes dont le sujet est ON**


« **On ne prend pas les mouches avec du vinaigre.** »
Contexte : c'est du miel, pas du vinaigre, qu'il faut pour attirer les mouches
Intention : il ne faut pas lésiner sur les moyens quand on veut quelque chose

« **Comme on fait son lit, on se couche.** »
Contexte : Chaque action que l'on fait a des conséquences.
Intention : A l'intention des nonchalants, des insouciants, des irréfléchis.

« **On juge de la pièce, pas de l'échantillon.** »
Contexte : contre une certaine naïveté
Intention : ne pas se contenter d'à peu prés, d'approximations, de fragments

« **Quand tout va mal, on ne peut compter que sur sa famille.** »
Contexte : comment agir ou réagir dans le malheur.
Intention : dans le malheur, les amis vous abandonnent, le seul soutien est la famille.

« **On juge de la pièce, pas de l'échantillon.** »
Contexte : naïveté de l'acheteur devant un produit non-fini
Intention : la qualité d'un produit, d'un document, d'un projet se juge sur le produit lui-même et non pas sur des promesses ou des échantillons.

« **On n'apprend rien qu'à force de se tromper.** »
Contexte : comment tirer avantages des errements et des maladresses de notre vie.
Intention : les erreurs faites permettent d'en tirer les leçons pour ne plus les faire.

« **On ne badine pas avec l'amour.** »
Contexte : titre d'une pièce de théâtre d'Alfred de Musset.
Intention : en amour, il est dangereux de jouer avec les sentiments des autres.

« **On ne connaît son bonheur qu'une fois perdu.** »
Contexte : profiter du bonheur tant qu'il est là et ne pas en demander trop.
Intention : on ne découvre la valeur d'une chose ou d'une personne qu'une fois qu'on l'a perdue.

« **On ne paie jamais trop cher une bonne leçon.** »
Contexte : un conseil, un avis, un renseignement judicieux n'a pas de prix.
Intention : la leçon reçue comme une expérience douloureuse est cependant inestimable et ne doit pas être regrettée.

« **On ne prend pas un homme deux fois.** »
Contexte : un homme averti en vaut deux
Intention : suivre les leçons de l'expérience

« **On pardonne tant que l'on aime.** »
Contexte : proverbe de La Rochefoucauld
Intention : en amour, on est prêt à fermer les yeux tant que l'on aime

**Proverbes avec : il faut**

**« Il faut courber le rameau quand il est jeune. »**
Contexte : éducation des jeunes
Intention : plus les enfants sont jeunes, plus on peut inculquer de bonnes habitudes

**« Il faut jeter en amont pour récupérer en aval. »**
Contexte : il faut agir en calculant les conséquences de ses actions.
Intention : pour engranger, il faut d'abord travailler et aussi prévoir.

**« Il faut manger pour vivre et non pas vivre pour manger. »**
Contexte : citation de Molière.
Intention : critique de la gourmandise et de la gloutonnerie.

**« Il faut parfois se faire violence. »**
Contexte : apprentissage du contrôle de soi.
Intention : parfois il est nécessaire de réfréner ses désirs et ses envies immédiats pour viser quelque chose de plus haut, de plus intéressant.

**« Il faut que jeunesse se passe. »**
Contexte : les excès de la jeunesse
Intention : il faut être prêt à être tolérant pour les erreurs de la jeunesse

**« Il faut tailler son manteau selon son drap. »**
Contexte : contre les insatisfaits, les râleurs, les envieux, les ambitieux
Intention : savoir rester modeste, de son rang, à sa place

**« Suivant le vent, il faut mettre la voile. »**
Contexte : savoir s'adapter aux circonstances.
Intention : suivre ce conseil de sagesse en restant flexible.

**« Il ne faut pas puiser au ruisseau quand on peut puiser à la source. »**
Contexte : préférer toujours l'original à la copie.
Intention : en tout, il faut chercher ou se servir à la base, au commencement, à l'origine.

**« Il ne faut point se déshabiller avant de se coucher. »**
Contexte : adage métaphorique qui traite de la chronologie des actes importants de la vie.
Intention : ne pas léguer ou abandonner tous ses bien avant la mort, à l'inverse du Père Goriot de Balzac.

**« Il faut faire prendre le renard par d'autres renards. »**
Contexte : le renard est un animal rusé.
Intention : pour prendre un renard, il faut user de ruses comme lui fait aussi.

CONCLUSION


LE POIDS DES CITATIONS


Suffit-il de citer pour convaincre ? On a vu plus haut que la citation vient en complément d'une argumentation étayée, qu'elle peut en être un des éléments décisifs mais qu'elle ne saurait suffire seule, car il faut apporter encore des preuves pour appuyer ce qu'elle dit.

Certains ont émis des doutes sur les qualités intellectuelles de ceux qui ont tendance à trop citer et que cela démontrerait une absence de réflexion personnelle approfondie.

D'autres ont trouvé, tel William Somerset Maugham ci-dessous, que la citation n'enlève pas à l'intelligence mais peut la remplacer :

*La faculté de citer est un substitut commode à l'intelligence.*

En fait, tout est question de nuances encore une fois : citer pour citer, citer pour briller, citer pour impressionner, tout cela n'apporte pas grand-chose et peut même être perçu par certains comme négatif, comme une tentative de cacher le peu d'arguments personnels que l'on apporte ou la pauvreté de l'argumentation que l'on propose.

Par contre, citer à bon escient, avec mesure, avec pertinence, est non seulement un art mais aussi un tribut payé à des personnalités qui ont déjà exploré les mêmes sentiers et dont la lumière ne peut qu'être salutaire et bénéfique. Il n'y a rien de déshonorant à se mettre dans l'orbite des grands penseurs et profiter par là même de leur rayonnement. C'est la pensée de Fabrice Luchini dans la citation suivante :

*Citer quelqu'un est davantage un acte d'humilité que de vanité.*

## TABLE DES MATIÈRES

INTRODUCTION 5

Chapitre I : CONVAINCRE 7

    L'utilisation de la citation 12
    L'adaptation de la citation 14
    La joute verbale 16
    Les types de citation 19
    Citer avec discernement 22

Chapitre II : CITATIONS COMMENTÉES 25

Chapitre III : CITATIONS PAR THÈME 39

    A VICES HUMAINS 41
        Ambition 44
        Arbitraire 46
        Arrivisme 48
        Avarice 50
        Colère 52
        Corruption 54
        Cruauté 56
        Cupidité 58
        Démagogie 60
        Despotisme 62
        Égoïsme 64
        Envie 66
        Gaspillage 68
        Haine 70
        Ignorance 72
        Impatience 74
        Incompétence 76
        Inconstance 78
        Indécision 80
        Injustice 82
        Intolérance 84
        Jalousie 86
        Luxure 88
        Maladresse 90
        Manipulation 92
        Médiocrité 94
        Négligence 96
        Obstination 98

|  |  |
|---|---|
| Orgueil | 100 |
| Paresse | 102 |
| Partialité | 104 |
| Pessimisme | 106 |
| Peur | 108 |
| Racisme | 110 |
| Rancune | 112 |
| Suffisance | 114 |
| Superficialité | 116 |
| Tyrannie | 118 |
| Vengeance | 120 |
| Violence | 122 |

### B MODES DU DISCOURS — 124

|  |  |
|---|---|
| Agressivité | 126 |
| Arrogance | 128 |
| Calomnie | 130 |
| Grossièreté | 132 |
| Humour | 134 |
| Hypocrisie | 136 |
| Ironie | 138 |
| Médisance | 140 |
| Mensonge | 142 |
| Mépris | 144 |
| Sarcasme | 146 |

## Chapitre IV : CITATIONS PAR AUTEUR — 149

|  |  |
|---|---|
| Alain / Anatole France | 152 |
| Balzac / Baudelaire | 153 |
| Beaumarchais / Bergson | 154 |
| Bernanos / Boileau | 155 |
| Chamfort / Chateaubriand | 156 |
| Claudel / Clémenceau | 157 |
| Cocteau / Corneille | 158 |
| De Gaulle / Destouches | 159 |
| Diderot / Dumas père et fils | 160 |
| Edmond Rostand / Flaubert | 161 |
| Florian / Fontenelle / Gide | 162 |
| Hugo / Jules Renard | 163 |
| La Bruyère / La Fontaine | 164 |
| La Rochefoucauld / Lamartine | 165 |
| Malraux / Marivaux / Molière | 166 |
| Montaigne / Montesquieu | 167 |
| Montherlant / Musset / Pascal | 168 |
| Pasteur / Péguy / Proust | 169 |
| Rabelais / Racine / Rivarol | 170 |

|  |  |
|---|---|
| Ronsard / Rousseau | 171 |
| Sartre / Valéry | 172 |
| Vauvenargues / Voltaire | 173 |

Chapitre V : CITATIONS DIVERSES    175

Chapitre VI : ADAGES    187

CONCLUSION    194

TABLE DES MATIÈRES    195